の専信が描かせたという「安城の御影」（本書第一一通ノート参照。東本願寺蔵）

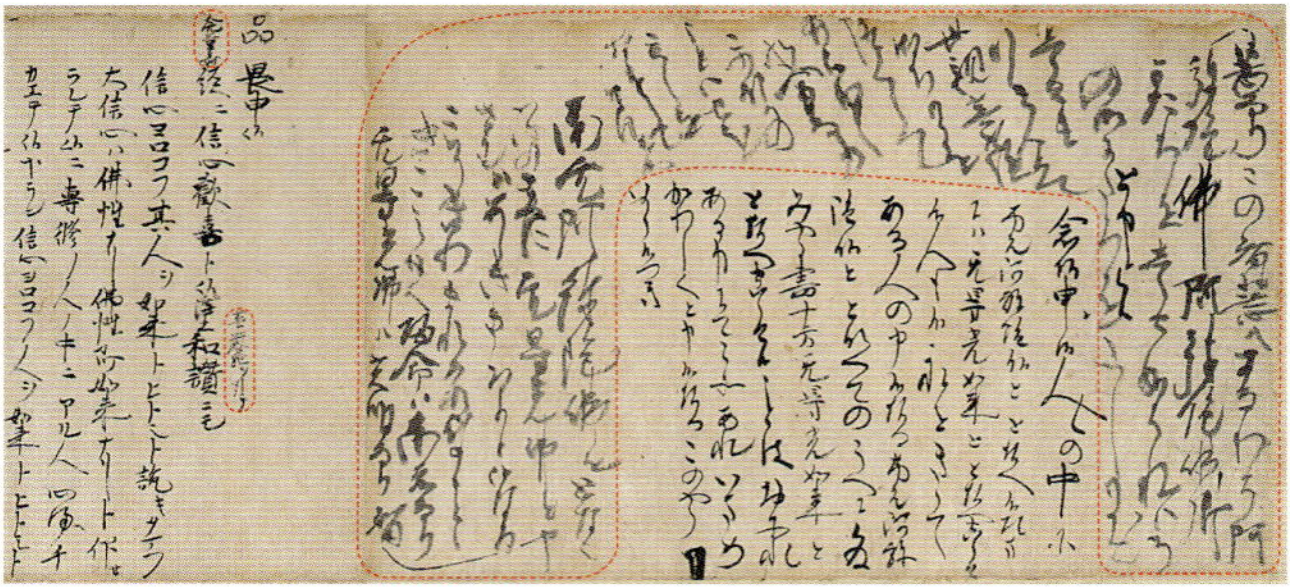

図2

以降 図3 ←

これは、親鸞の門弟である慶信が親鸞宛に送った手紙に、親鸞が直接、加筆、添削をして、さらに追伸の部分に対してだけ、余白に直筆で返事を記入して送り返した書簡である（真筆、高田本山専修寺蔵。本書第三一通）。

図2は追伸の余白に親鸞が直接返事を記入した部分、図3は添削の部分である。

慶信の手紙全体への返信は、侍者であった蓮位の代筆で記されている。

当時、親鸞は咳の病に罹っていて返事を書くのがむつかしかったのか、慶信の手紙に訂正した方がよいと思われる部分があるから蓮位に添削を指示した。しかし、蓮位は親鸞の直筆の方が「強い証拠」になるからといって、添削だけ親鸞が加えることになり、返事そのものは蓮位が代筆することになった（本書第三一通ノート）。

慶信は「下野高田」の住人で鎌倉幕府に仕える御家人であった。手紙によると、彼は「大番」役で京都に上り、親鸞に面会している。蓮位の代筆部分から、その際、彼は父の覚信を伴ってきたが、父は病のために帰郷できず京都に残ることになったが、後日死去した。親子で専修念仏に帰依した同朋であったことが分かる。

　この手紙が書かれた時期は、一二五八（正嘉二）年十月で、親鸞八十六歳であった。

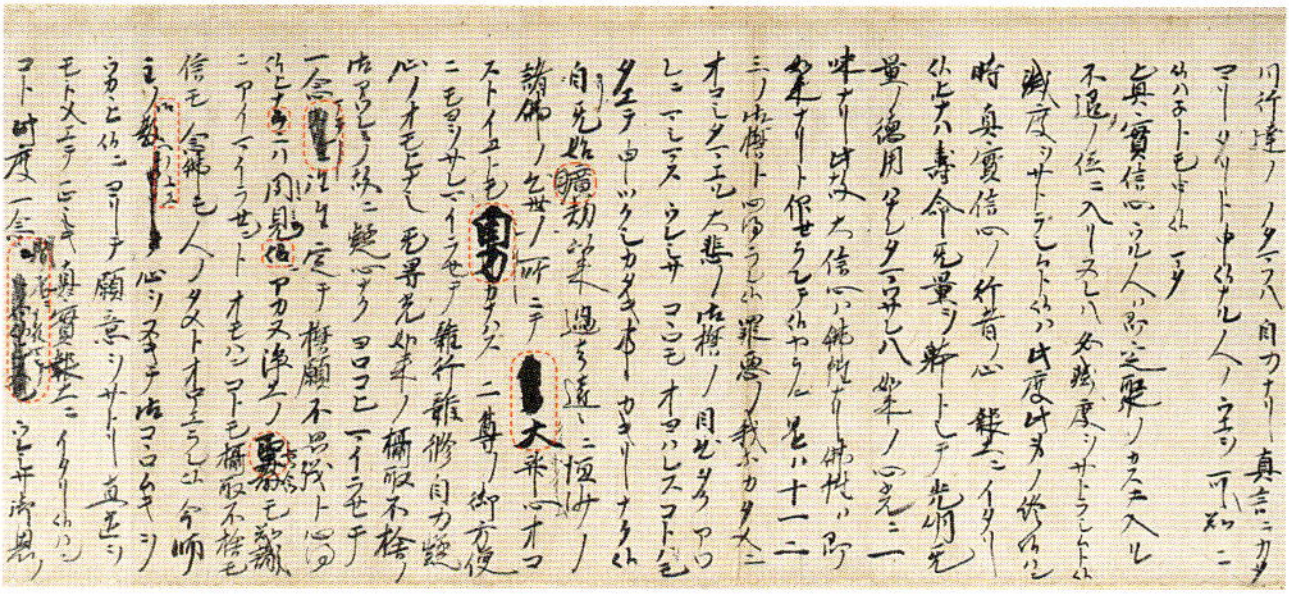

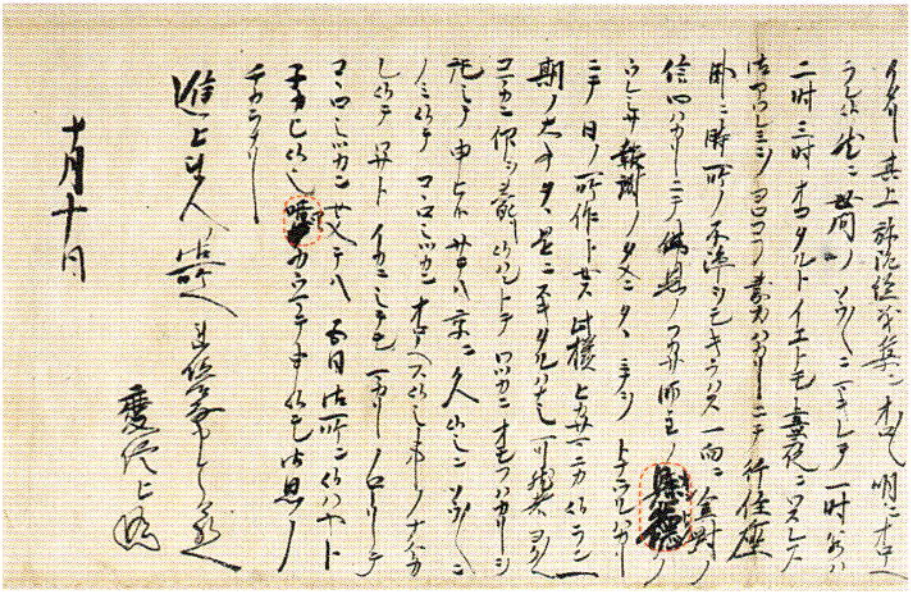

部分が親鸞の直筆

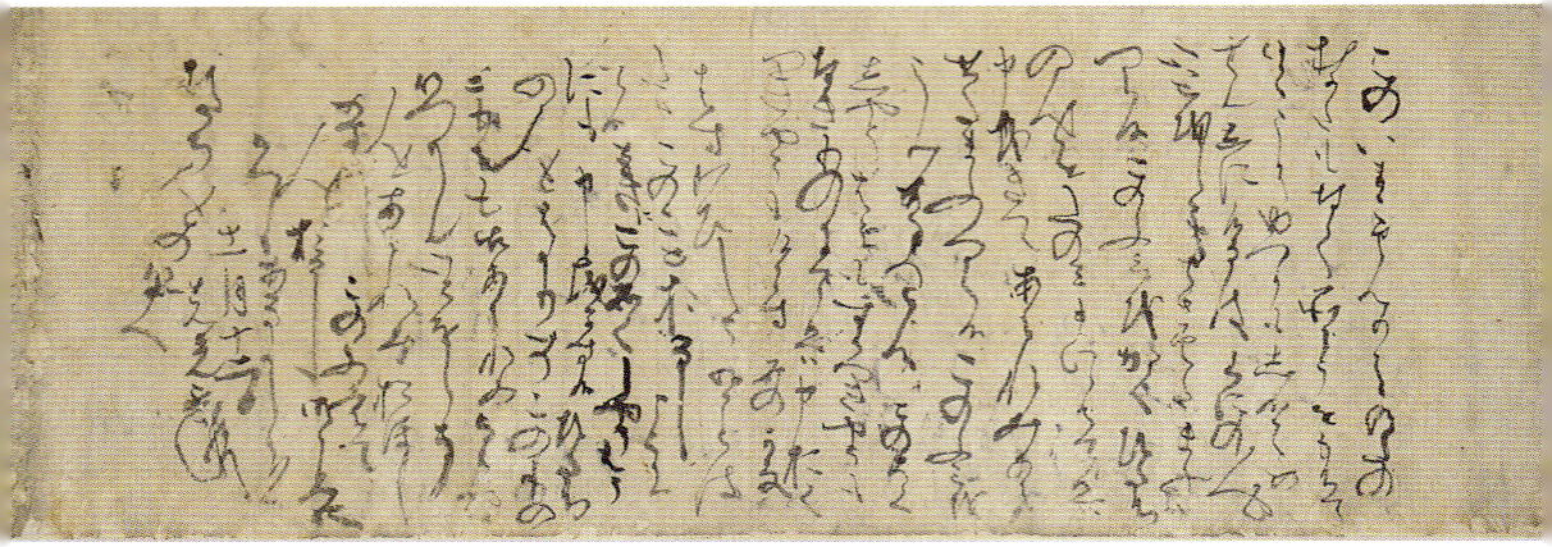

▲図4　常陸の人びとに与えた手紙（西本願寺蔵）

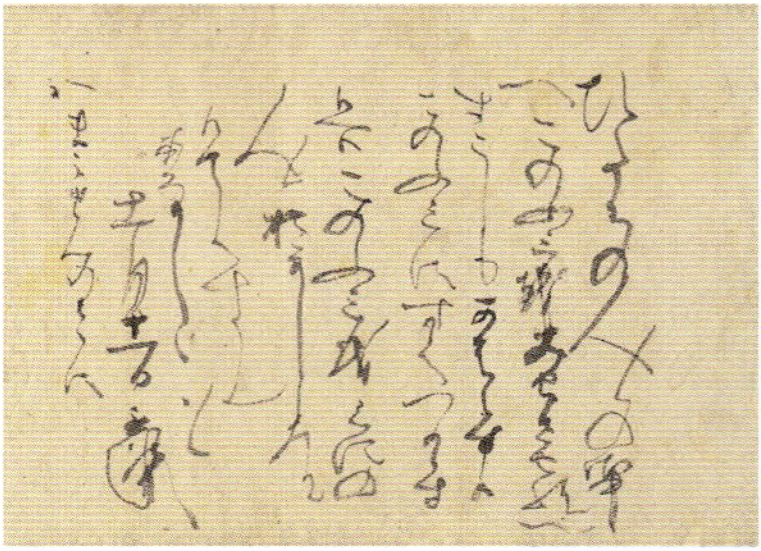

◀図5　「いまごぜんのはは」への手紙（西本願寺蔵）

いずれも親鸞の「遺言状」とよばれている、親鸞最晩年の手紙である（本書第四一通、第四二通参照）。図4が十一月十二日、図5が十一月十一日の日付をもつが、親鸞が没したのは十一月二十八日である。「遺言状」でその行く末を関東の同朋たちに依頼しなければならなかった「いまごぜんのはは」と「そくしょうぼう」は、親鸞とどのような関係の人物であったのか、詳細は不明である。

ちくま学芸文庫

親鸞からの手紙

阿満利麿

筑摩書房

本書は「ちくま学芸文庫」のために新たに書き下ろされたものである。

目次

はじめに

親鸞の手紙は総計四二通が残されている。そのうち真筆は一一通、ほかは書写されたものである。形式的には、手紙の原型を保っているものと、「消息集」として編纂されたものとがある。

「消息集」というのは、『末灯抄』、『御消息（浄光寺本）』、『御消息集（広本）』、『御消息集（略本）』、『血脈文集』、『御消息集（善性本）』、『御書』などであり、それぞれに編纂の意図があり、また編纂の時期も異なる。

手紙のなかで、年号が分かるもののうち早いものは、一二四三（寛元元）年十二月二十一日で、親鸞七十一歳（数え年）のもの、最後の手紙は一二六〇（文応元）年十一月十三日で、親鸞八十八歳のものである。

これらをふくめて年月日が分かっている手紙は、一五通で、そのほかは分からない。親鸞の年齢でいうと、手紙の大部分は八十歳代のものである。

手紙の宛先の大部分は関東の門弟であり、個人宛もあれば、集団へ宛てたものもある。回覧を希望しているものも少なくない。

このように残された手紙は晩年に集中しているが、その理由の一つは、「善鸞事件」にある。この事件は、親鸞の息子である慈信房・善鸞が、関東の門弟たちの間で生じていた、専修念仏の教えとは異なる風潮を教戒するために、とくに親鸞の命をうけて関東に下るが、かえって、親鸞の教えと反する言動を取り、あまつさえ、関東の門弟たちをあらたに支配しようとする意図さえあらわにして、ときに有力門弟を幕府に訴えたりしたものであった。その結果、念仏者の間に混乱と相互離反を招くことになった。

当初、親鸞は善鸞による門弟たちへの攪乱について、善鸞からの報告を鵜呑みにして弟子たちの信心の定まらぬことが騒動の原因だと思いこんできたが、ついに善鸞のたくらみと判明して、父子の縁を切るにいたる。その詳細は本書第二〇通、第二一通に詳しい。この書簡集の魅力の一つは、「善鸞事件」の発端から解決にいたる過程が、一編のドラマのように展開する点にあるといってもよいだろう。

このように、関東の門弟たちにとっても「善鸞事件」は大きな教訓を残すことになるが、加えて、親鸞滅後、それぞれのリーダーが「教団」を組織するようになると、法然・親鸞からの正統を主張するためにも、この事件への関与や、その際の教義をめぐる議論についての判断を示す手紙が重要な証拠となり、結果的にこの時期の手紙が保存されるにいたったと考えられる。

また、なによりも、親鸞自身の思想がこの事件を契機に深まりを見せ、門弟たちに対する手紙にも懇切さが示され、深い印象を与えることになったことも、この時期の手紙が保存されるようになった理由ではなかろうか。

本書の構成

親鸞の手紙は、従来、すでに編纂された形（たとえば『末灯抄』として）でしか見ることができず、書かれた年月日順にしたがって読むことはできなかった。その理由は、前にのべたように、書かれた年月日を特定することができない手紙が多いという点にあった。その事情は今も変わらない。ただ、先学たちの研究が進み、年月日を推理することもできるようになり、編年体で手紙を編纂することも可能となった。

そこで本書は、こうした先学の業績のなかから、多屋頼俊の「親鸞聖人消息総目録」（『多屋頼俊著作集』第三巻所収）を選び、その順序にしたがって構成することにした。ただし、多屋頼俊がそこで「第三通」に想定している「他力のなかには自力と……」の書き出しで始まる手紙（『末灯抄』でいうと第一八通）は、多屋頼俊が推定した建長三年ではなく、建長七年と推測する証拠もある（松野純孝『親鸞』三省堂、四三五頁）ので、本書の通し番号でいえば、第一一通へまわすことにした。したがって、「総目録」とは連番号が異なる点があることを断っておく。

なお、意訳をする上で用いたテキストは、多屋頼俊が校訂した『親鸞集 日蓮集』（日本古典文学大系82 岩波書店、第八刷）を使用する。その原文は本書の末に一括掲載した（ただし、頭注などは省略している）。その際、脱字や誤りがある箇所は訂正しておいた。たとえば、『親鸞集 日蓮集』では第二六（本書二二通）通になっている「六月一日の御文」で始まる消息のなかで、「こともあたらしきうたへにてさふらふなり」とあるのは「こともあたらしきうたへにてさふらはず」が正しい。また、平松令三説にしたがい、第二〇通の「又この世にいかにしてありけり……」とある「世」は「せ」におきかえる（本書二四〇頁の原文と二一六〜二一七頁の第二〇通ノート1を参照）。本文中、各見出しの下に〔古〇〇〕とあるのは、『親鸞集 日蓮集』における書簡番号である。

また、意訳は、厳密な逐語訳にはしていない。意味をはっきりさせるために、原文にはない言葉を補い、分かりにくい言葉には説明を加えている。丸括弧か注で示した。意訳のルビは通例の読み方としたため、原文にあるルビとは一致しないものがある。

各消息のあとに解説の「ノート」を付した。

親鸞からの手紙

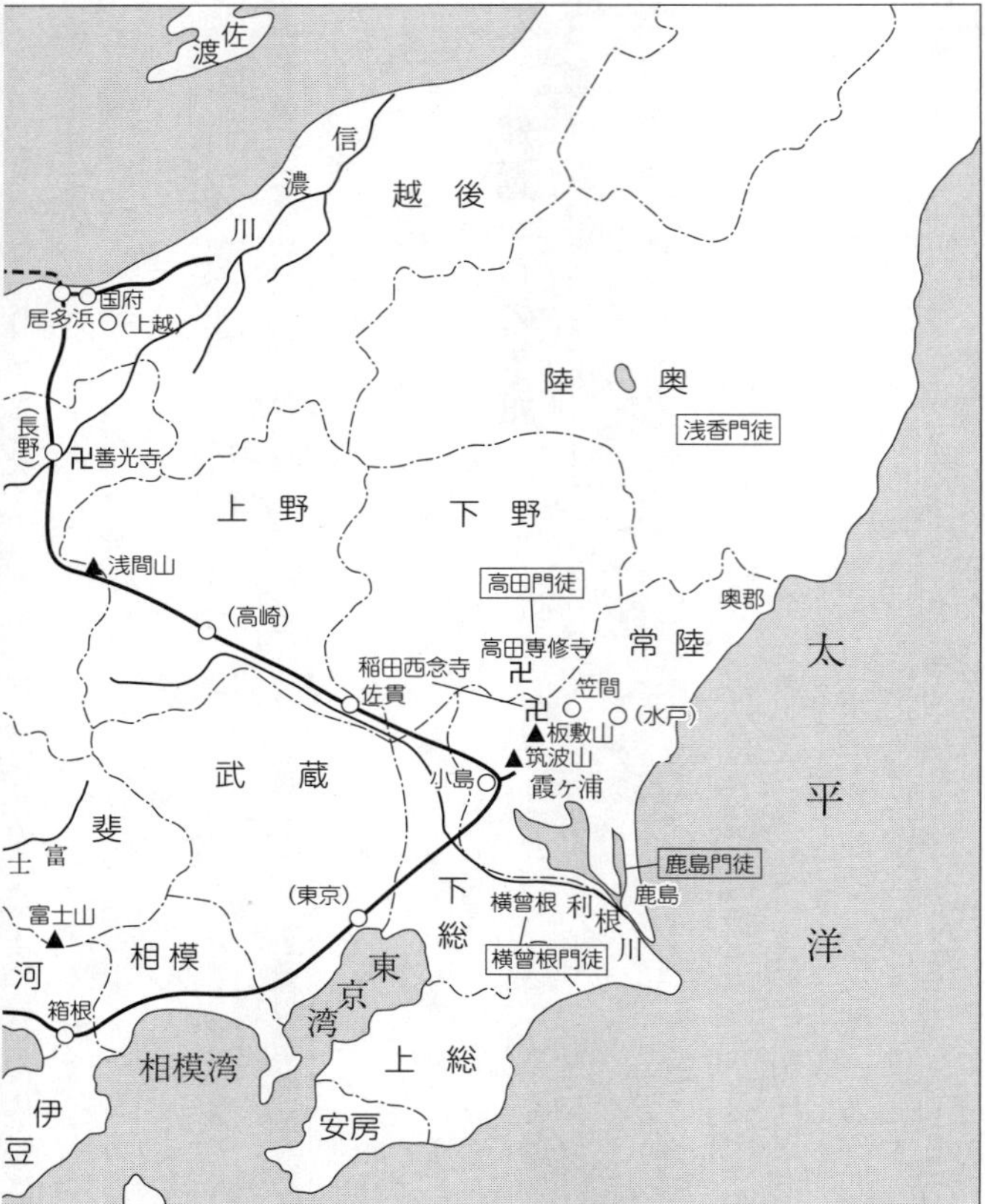

佐渡
信濃川
越後
国府
居多浜
(上越)
陸奥
浅香門徒
(長野)
善光寺
上野
下野
浅間山
高田門徒
奥郡
(高崎)
高田専修寺
常陸
太平洋
稲田西念寺
佐貫
笠間
(水戸)
板敷山
筑波山
武蔵
小島
霞ヶ浦
斐
富士
鹿島門徒
下総
鹿島
(東京)
横曾根
利根川
富士山
相模
横曾根門徒
河
東京湾
箱根
上総
相模湾
伊豆
安房

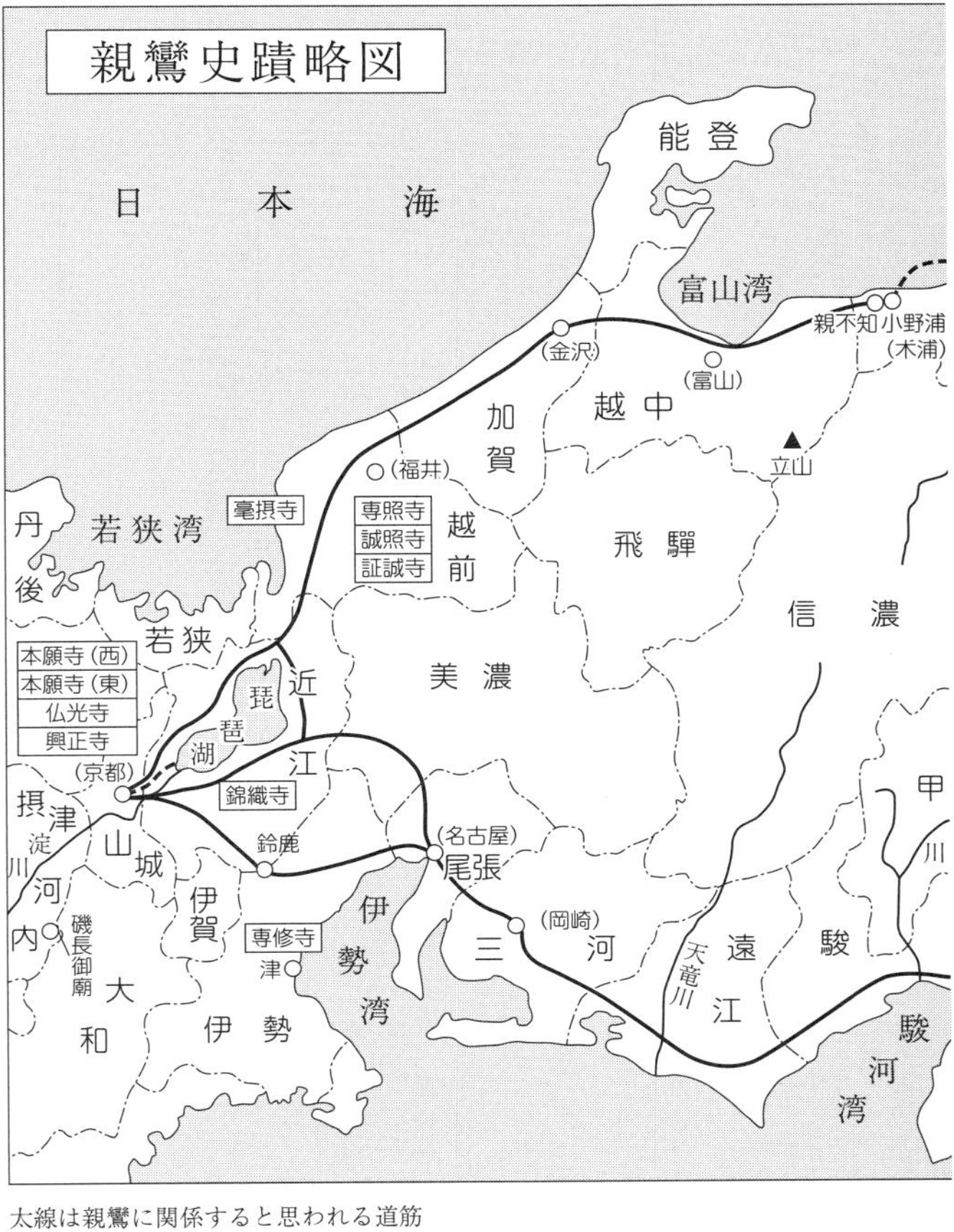

太線は親鸞に関係すると思われる道筋

（『浄土真宗聖典』本願寺出版社、1988年を参照して作成）

第一通　いや女を譲り渡すこと（宛先不明）　〔古四二〕

（いや女は）身代金を払って照阿弥陀仏が召し使う女です。ところが、照阿弥陀仏が東の女房に譲り渡すことになりました。それに反対するような人はいません。けっして問題が生じたりはしないでしょう。後のために譲り文を差し出します。あなかしこ、あなかしこ。

寛元元年癸卯十二月二十一日　（親鸞の花押）

第一通　ノート

1　これは手紙というよりは証文というのが相応しい。「いや」という名の下人階級に属する女性が、今までの使用主から別の使用主にかわるについて、親鸞が異義を挟まない、ということをしたためている。なぜ親鸞がこのような証文を書いたのか、分からない。一説には、「いや」はかつて親鸞が召し使っていた女性ではないか、という。

多屋頼俊は、この書状の裏に「いや女を、あま御前よりゆずられたまふふみなり」とあり、「あま御前」とは「東の女房」のことだと考えられるから、後に、「いや」が親鸞のもとへ返されてきたので、この譲り状も一緒にもどされたのではないか、と推測している(日本古典文学大系82、一八五頁、頭注一一)。第二九通にも「いや」のことが出てくるので、その際にもういちどふれる。この証文は親鸞の真筆で残っている。

2　第一通にある寛元元年は西暦一二四三年で、親鸞の七十一歳にあたる。親鸞は六十一歳頃に、およそ二十年間住んでいた関東から京都へ戻った。

第二通　有念無念のこと(宛先不明)　〔古二〕

臨終に阿弥陀仏が菩薩たちと迎えに来るという「来迎」は、もろもろの善行を積むことによって浄土に生まれることを期する人々がいうことです。それは自らの努力・精進によるので自力(の往生)といいます。臨終(の「来迎」を期する)ということは、自力の人々にあてはまることなのです。まだ、真実の信心を得ることができない段階です。

また、「十悪五逆《じゅうあくごぎゃく》」*注という悪人、罪人が、臨終に善き指導者に出遇って念仏を称することを勧められるときに、来迎という言葉が用いられます。

これに対して、真実の信心を得た人は、信心を得たとき、阿弥陀仏の摂取して捨てないという慈悲に浴するがゆえに、「正定聚《しょうじょうじゅ》」という位に就くのです（「正定聚」とは、仏道修行の過程にある、必ず仏になることが定まっている位のこと）。ですから、臨終に阿弥陀仏の来迎を待つ必要はありません。また、来迎を頼むこともないのです。信心が定まるとき、浄土に生まれることも決まるのです。（したがって）来迎の儀式をする必要もありません。

正念とは、阿弥陀仏の誓いを信じる心が定まることです。その信心を得るがゆえに必ず仏になり、悟りを得るのです。この信心のことを「一心」といいます。また金剛心といいます。この金剛心が仏の心なのです。これこそが他力のなかの他力（他力の真髄）なのです。

また正念について二つの意味があります。一つは瞑想によって浄土や阿弥陀仏の様子をイメージする修行をしている人の正念であり、もう一つは、仏教が教える諸善や道徳を実践して、その功徳によって浄土に生まれることを期する人々の正念です。これら二つの正念は、他力のなかの自力の正念です。これら二つの善行は、「諸行往生」という言葉におさまります。

これらの善は、他力のなかの自力の善です。この自力の修行者は、来迎を待たずには、「辺地《へんじ》・胎生《たいしょう》・解《け》慢界《まんがい》」という浄土にいたる途中の世界、あるいは浄土の辺地にさえも生まれることはむつかしいのです。ですから、阿弥陀仏は第十九番目の誓いのなかで、諸善を差し向けて浄土に生まれようとする人々に対して、その臨終には自ら姿を現して迎えに来ようと誓っているのです。臨終を待つということと、阿弥陀仏の来迎を得て浄土に生まれようとすることは、前の二つの行（瞑想と道徳的善などの実践をする）をする人たちがいうことなのです。

阿弥陀仏の本願は、有念《うねん》、つまり、色・形を思うはたらきの対象でもありませんし、無念、つまり、形や色をおもわずに真理を悟る対象でもありません。有念も無念も聖道《しょうどう》（門）のなかの教えです。聖道とは、すでに仏になった人々が私たちを導くために立てられた、仏心宗・真言宗・法華宗・華厳宗・三論宗などの大乗仏教の教えのことです。仏心宗とは、世にいう禅宗のことです。また、法相宗・成実宗・倶舎宗などの大乗仏教に導く手段としての教えのことです。これらはみな聖道です。手段とは、すでに悟りを得た仏や菩薩が仮に種々の姿を現して真実の教えに導かれることをいいます。
浄土宗にも有念、無念の区別があります。有念は道徳的善行によって浄土に生まれることを期する立場。無念は瞑想の力によって浄土に生まれようとする立場。浄土宗の無念の立場は、聖道の無念とは異なります。聖道の無念のなかにもまた有念があります。これらはその道の人によくよくおたずね下さい。
浄土宗のなかに真と仮の区別があります。真というのは阿弥陀仏の誓願にしたがう立場。仮とは、さきの瞑想や道徳的実践を重んじる立場。真の立場は浄土のなかの真実の教えです。瞑想と道徳的実践の立場は仮の、手段としての教えです。浄土のなかの真実の教えは大乗仏教のなかの至極です。仮の、手段としての教えのなかにはまた、大乗と小乗、方便と真実の違いがあります。
釈迦如来が教えを受けられた師は、百十人です。華厳経に出ています。
南無阿弥陀仏
建長三年辛亥閏九月二十日
愚禿親鸞七十九歳

＊注
十悪とは、殺生・偸盗《ちゅうとう》（盗み）・邪淫・妄語（うそ）・両舌（両者の仲をさく）・悪口（人をののしる）・綺語（飾ったことば）・貪欲《とんよく》（むさぼり）・瞋恚《しんい》（怒り）・愚癡《ぐち》（おろかさ）をいう。五逆とは、殺母《せつも》（母を殺す）・殺父（父を殺す）・殺阿羅漢（阿羅漢を殺す）・出仏身血（仏身を傷つける）・破和合僧《はわごうそう》（僧団を破壊する）の五種の最も重い罪。

第二通 ノート

1 この手紙は、常陸の念仏者たちの間で、「有念・無念」の争いがあり、それに対する答えとして記されたといわれている。

もともと、法然はそれまでの仏教を「聖道門」として一括して否定し、あらたに「浄土宗」を主張したが、その理解のために従来の「聖道門」の用語も用いられた。そのために、仏教用語をめぐる誤解や争いがしばしば生じた。「有念・無念」の論争もそうした状況のあらわれであり、のちに出てくる、「一念・多念」の論争や、「自力・他力」、「信・行」の論争もそうした延長線上の出来事と考えられる。

「有念・無念」に対する親鸞の基本的な立場は、阿弥陀仏のはたらきというものは、私たちの思惟を超えているものであり、従来のように、常識的な考え方（「有念」論）や、聖道門、とくに禅宗が強調するような、真理は「無」のはたらきで捉えられる、という立場を超えている。要は、人間の「はからい」を超えたところに阿弥陀仏の誓願がある、ということであろう。

2　法然の浄土宗成立以前からも、阿弥陀仏に対する信仰は、貴族を中心に広まっていた。それは、日頃から善いことを積み行っておくと、臨終の際に、阿弥陀仏が迎えに来て、浄土へ連れて行ってくれるという「来迎」思想のためであった。この「来迎」への期待はその後も当時の人々の間で深く浸透し、法然の称名念仏を受け容れるに際しても、そうした期待からなされることが多かった。

しかし、親鸞は、法然の浄土宗で肝要なことは、善行を積むことではなく、あくまでも阿弥陀仏の本願を信じて念仏することなのであり、本願を信じて念仏することができるようになった時、ただちに阿弥陀仏の救いを得るので、臨終の来迎を待つ必要はない、と主張する。「来迎」思想の否定といってもよい。そのかわりに、親鸞が強調するのは「正定聚」という考え方である。

「正定聚」とは、もとは菩薩の五十二段階に及ぶ修行課程のなかの一つの位であって、この位に就くとつぎは必ず仏になることができるといわれる。阿弥陀仏の本願を信じて念仏するのは、あたかも「正定聚」の位に就くのと同じだというのだ。専門の修行者ではなく、普通の在家の暮らしをする人間であるにもかかわらず、信心を得るだけで、そのような位に就くことができる、という。

親鸞は、関東の門弟たちが鎌倉幕府の念仏弾圧や、後に問題となる自身の息子・善鸞の誤った教説によって混乱した際に、この「正定聚」の考え方をとりわけ強調するようになる。以下の手紙においても、「正定聚」への言及が頻繁に行われるが、それも、念仏者であることに自信をもってほしいという、親鸞の願いからだといえよう。

第三通　薬あればとて毒をこのむべからず（常陸国の同行宛か）　〔古二二〕

各地からの御志、お知らせの数のとおり、たしかに頂戴いたしました。明教房が京都へお越しになられたこと、ありがたいことです。みなさま方からの御志、御礼の言葉もありません。

明法房が往生されたこと、驚き申し上げるべきことではありませんが、かえすがえすもうれしいことであります。鹿島、行方、奥郡の、明法房のような往生を願っておられる人々、みなさんの喜びでありましょう。

また、平塚の入道殿の御往生のことをお聞きしましたことこそ、かえすがえす言葉もございません。そのめでたさ、申し尽くすこともできません。

みなさま方もそれぞれ、浄土に生まれることは定まっていることと、お思いになってください。そうはいいましても、往生を願っておられる人々のなかにも、（往生について）誤解をしておられることもありました。今も、そうであろうと思われます。京でも、（往生について）理解ができずに、さまざまにたがいに迷っておられるようです。田舎でも、同じことがあるように聞いています。

法然聖人の御弟子のなかにも、自分は立派な学者だとたがいに自負しておられる方々も、今では、さまざまに教えを言い換えて、自身も迷い、人をも迷わせて、たがいに困っておられるようです。

経典などの教えを読むことなく、またそうした知識と無縁のみなさん方のような人々は、（念仏さえしていれば）浄土に生まれる上で障りとなることはないということだけをお聞きになっていて、（往生について）間違ったご理解をおもちなっている場合が少なくありません。今もそうであろうと推測しています。

浄土の教えも知らない信見房などが申すことによって、間違った方向に、たがいにますます進みあってゆかれるようにお聞きすることこそ、いたましいことです。

思い出してください。みなさん方は、昔は阿弥陀仏の誓いをもご存じなく、念仏をもなさらずにおられたのが、釈迦と阿弥陀仏の導きにうながされて、今や阿弥陀仏の誓いを聞き始めておられる身となっておられるのです。もとは、愚かさの酒に酔いつぶれ、貪欲・怒り・愚痴という三毒を飲み、たがいに好んでこうした酒や毒を召し上がってお られたのに、阿弥陀仏の誓いをお聞きになり始めてからは、愚かさの酔いも、だんだんと少しずつ醒め、三毒をも少しずつ好まないようになり、阿弥陀仏という薬をつねにたがいに好む身とおなりになっておられるのですぞ。

ところが、まだ酔いも醒めやらないのに、かさねて酒をすすめ、毒も消えていないのに、なおも毒をすすめておられることこそ、いたましいかぎりです。煩悩をそなえた身だからといって、心のおもむくままに、好きなように、身にもしてはならないことを許し、口にもいってはならないことを許し、心にも思ってはならないことをも許して、心のままにどんなあり方でもよいのだ、とたがいに言っておられることこそ、かえすがえすも心が痛みます。酔いも醒めぬ先に、なおも酒をすすめ、毒も消えやらないうちにますます毒をすすめるようなものです。「薬があるから毒を好め」というのは、あってはならないことだと思います。阿弥陀仏の御名を聞き、念仏を申して久しくなっておられる人々は、この世の悪いことを避けるしるし、また、わが身の悪事を避けて捨てようとお考えになるしるしもあるべきだと思われます。

はじめて阿弥陀仏の誓いを聞き始められた人々が、わが身の悪く、心の悪いことを思い知って、この身のようなことではどうして浄土に生まれることができようか、という人にこそ、煩悩から逃れることができない身であるから、心の善悪を問題とせずに、阿弥陀仏は浄土に迎えてくださるのだ、と説かれるのです。このように聞いた後は、阿弥陀仏を信じる気持ちが深くなり、まことにこの身をも厭い、迷いの世界に流転することを悲しんで、深く阿弥陀仏の誓いを信じ、阿弥陀仏の名を好んで称える人は、以前こそ、心のままに悪いことを思い、悪いことを行ったりしてきたが、今は、そのような心を捨てようとたがいに思われるならば、それこそ、世を厭うしるしになると申せましょう。

また、浄土に生まれるための信心は、釈迦と阿弥陀仏の御すすめによって生じることは明らかでありますから、煩悩から逃れられない身であっても、まことの心が生まれますならば、どうしてむかしの心のままでいられましょうか。みなさま方の所属しておられるお仲間のなかには、少々良くない言動があるという噂があります。師匠をそしり、信仰上の指導者を軽んじ、念仏の仲間を軽蔑するなど互いにしておられる由、耳にすることこそ、心が痛みます。(そういう人々は)教えを謗る人であり、五逆の人なのです。親しくなってはいけません。

『浄土論』という書物には、「こういう人は、仏法を信じる心がないから、謗法《ほうぼう》(仏法をそしること)や五逆《ごぎゃく》の心が生じるのだ」とあります。また、(善導《ぜんどう》〈中国唐代の浄土教の大成者〉の)「至誠心」の説明のなかには、「このように悪を好む人には、慎んで遠ざかるように。近づいてはならない」と説かれていますし、信心の指導者や信心の仲間には親しみ近づけ、とあります。

悪を好む人に近づくということは、浄土に生まれて後(仏となって、迷いの世界にとどまっている)衆生を助けるために人間世界にもどってくるときにこそ、そのような罪人にも親しみ近づくということがあるのです。それも私のはからいではありません。阿弥陀仏の誓いにより、その助力があってこそ、思うように振る舞うこともできるのです。目下、この私どもの有様では、悪人や罪人に近づき親しむことはいかがなものであろうか、と思われる次第です。よくよくお考えになってください。

浄土に生まれるための堅い信心が生じることは、阿弥陀仏のはからいから起こるのでありますから、ダイヤモンドのように堅い信心を頂いている人は、よもや、師匠を誹り、信心の指導者を軽んじることなどされるはずはない、と思います。

この手紙を、鹿島・行方・南の庄、そのほかいずれの地方でも、浄土に生まれることを志している人々の間で、ひとしく、読み聞かせてくださいますように。あなかしこ、あなかしこ。

建長四年壬子八月十九日　　親鸞

第三通　ノート

1「御志」

親鸞が専修念仏の弾圧によって、京都から越後に流刑の身となったのは、一二〇七年、三五歳の時であった。それから五年を経て、赦免となり、しばらくして、親鸞は関東におもむいた。そして、今の茨城県を中心に二〇年間、専修念仏を広めた後、京都へ戻った。

京都へ戻った親鸞は、関東で生まれた、専修念仏の信者たちから生活費を送ってもらって暮らしたと考えられている。それが、この手紙の冒頭にある「御志」である。

親鸞が門弟たちから受け取った「御志」には、二種類あった。一つは、ここにいう「心ざしのもの」であり、他は、後の手紙にでてくる「念仏のすすめもの」である。研究者によると、前者は、信者個人の懇志、いわばカンパであり、後者は「勧進聖《かんじんひじり》」という特殊な職掌から得られる収入であった（宮崎圓遵『初期真宗の研究』永田文昌堂、四三五頁）。

「勧進聖」とは、大寺院や大社に所属する半ば僧侶、半ば在家の宗教者で、その役割は、全国を回って、寺社の新築や修繕などの寄付を募ることにあった（五来重『高野聖』）。親鸞も、関東では、長野の善光寺に属する「善光寺聖」であった可能性がある。こうした「聖」には上下のクラスがあり、下級の「聖」は、集めた寄付金から自己の生活費などを差し引いて上級の「聖」に差し出すが、上級の「聖」はそのなかから一定額を取り分として差し引き、残りを本寺に上納する仕組みになっていたという（平松令三『親鸞』吉川弘文館、一九八頁）。京都へ戻った親鸞の暮らしを支えたのはこうした二種類の収入であったと考えられている。その他、聖教の書写や名号の作成などが収入となっていた可能性もある（一一七頁参照）。

なお、ここでは「御志」の数字は出ていないが、他の手紙によると、三百文とか多い場合は第一一通にあるように、銭二十貫文という数字が出ている。一千文で一貫、一貫で米一石（一八〇キロ）が買えたというから、二十貫文というのは多額といわねばならない（日本古典文学大系82、一三二頁、頭注二〇）。

こうした点から、京都へ戻ってからの親鸞の暮らしは、決して貧乏のどん底といったものではなく、それなりに余裕のある暮らしぶりではなかったか、といわれている。

2 信者たち

親鸞は二十年の関東滞在中に、どれほどの信者を育てたのであろうか。この書簡にも、明教房、明法房、平塚の入道、といった固有名詞が出ているが、文末では、鹿島・行方・南の庄などの地方にも、少なからざる信者がいることが分かる。

親鸞に直接教えを受けた門弟たちの名を記した文書があるが、それによると四八名が数えられる（『親鸞聖人門侶交名牒』）。このほかにも、ここに記載されていない直弟子がまだ三十名ほどいる。しかも、こうした直弟子のなかには、百名近くの弟子を有するものもいたから、総計はかなりの数になる（『真宗史料集成』第一巻、ノート、二九頁）。一説によると、関東における親鸞の信者は三千余人にのぼるという（松野純孝『親鸞—その行動と思想』評論社、二八〇頁）。また、彼等は、地域ごとに「門徒」をなのっていた。たとえば、下野高田には、真仏・顕智という門弟を中心に「高田門徒」をなのる一群の信者がいたし、布川には「布川門徒」が、常陸の鹿島には「鹿島門徒」が、下総には性信という人物を中心に「横曾根門徒」がいた。この書簡にある、鹿島・行方・南の庄は、そうした門人たちが暮らす地域を示している。

ではどんな人々がそうした「門徒」を形成していたのであろうか。中心になったのは、法然の場合と同じように、武士階級に属する人々であったと考えられる。とくに、親鸞の場合、二十歳前後の、しかも二、三男の青年層が中心であったらしい（松野純孝『親鸞』三省堂、三九二頁）。全体としては、農民、商人、漁師や猟師など、直接生産に関わる人々が多かった。ここに出てくる「明法房」は、もと山伏で親鸞を害しようと試みて反対に親鸞の弟子となった人物といわれている。このように、関東一円に勢力をもっていた宗教者たちもふくまれていよう。

親鸞没後七〇年ほどになるが、南紀にあった門徒たちの記録によると、信者たちは「道場」を形成しており、道場には、道場坊主一人、その妻で坊守と称される女性一人の二人が中心になって、およそ百二十名ばかりが集まっている。そのうち女性は五十七名。しかも、彼等は一つの村の住人ではなく、「荘」（村に該当する）の区画を超えて集まっていた。道場では、毎月一定の日（法然や親鸞の忌日か）に参集している（宮崎圓遵『初期真宗の研究』、一一六―一二〇頁）。

信者たちは、たがいに「同行」「同朋」と称し、「道場」を中心に結集していて、その運営は「衆議」によったという。

道場は、のちに寺院に昇格してゆくが、古い形式が現在でも岐阜県の白川郷に残っている。大きさは民家と変わらず、建物の奥、仏壇に相当する箇所には、現在では仏像になっているが、もとは「名号」（「南無阿弥陀仏」とか「帰命盡十方無碍光如来《きみょうじんじっぽうむげこうにょらい》」などの文字）が掛けられていた。現在の本堂のように、内陣と外陣の区別も定かではなく、同行たちが平等に聴聞、念仏したことがうかがわれる。

道場坊主も、のちの教団僧侶のように、専門化したり、特別の権威を振りかざしたのではなく、「毛坊主」という言葉が残されているように、普段は他の同行たちと同じように、農業など生業に従事していた。文字通り、在家集団であった。

たしかに、この手紙の「明法房」のように、「房」号をもつ人々もいる。「房」は

「坊」とも記されるが、親しみをこめた敬称であった場合も多いという（安良岡康作『歎異抄全講読』、一七〇頁）。もちろん、今日でいう職業としての僧侶もいた。たとえば、法然の有力な弟子であった勢観房源智などである。『歎異抄』の作者といわれる「唯円房」は、在家の人であったという。前に紹介した有名寺院の「聖」を兼ねていた人々も存在したのであろう。

3　「往生」をよろこぶ

「往生」はもともと、浄土に生まれること、であり、死ぬことにほかならない。死は避けがたいから、のちには、どうしようもない状況に落ちこむことを「往生」する、というようになる。交通渋滞に巻き込まれて「往生」した、という使い方がその典型であろう。だが今日では、一般に「往生」という言葉を日常で使用することはほとんどなくなったといってよい。「浄土」のイメージが薄れてしまっては、そこへ生まれるという考えも失われてしまうからだ。しかし、中世では「往生」は生きた言葉であり、しかも、この手紙にあるように、「往生」を喜びとしてうけとめる精神があった。死を忌み嫌うだけの現代とはおおいに異なっていることを味わう必要があろう。

さらに、「往生」について、親鸞は独自の理解をもっていたことも付け加えておきたい。それは、浄土に生まれるのは、死後ではなく、「信心」を得たときを指すという考え方である。親鸞は、その著「唯信抄文意」のなかで、「浄土に生まれたいと願えば即ち不退転（一度得た功徳が退転することがないという位）に住す」という『(大)無量寿経』の言葉を解釈してつぎのようにのべている。「即得往生」は、信心を得ればすなわち往生す、と。つまり、信心を得たと確信がもてたとき、まだ肉体はもったままだが、心ははや浄土にある、という理解である。その確信の境地を「正定聚《しょうじょうじゅ》」ともいう。「正定聚」とは、くりかえせば、必ず仏になることが決まっている階位に就いている人々ということだが、これも、法然の門下では、浄土に生まれてからの境涯だと考えられがちだが、親鸞は、はっきりと、現世で凡夫が手にできる境地だと断言している。したがって、信心を得ることが最大の喜びとなるから、世間がいうような死の恐怖や死を忌む、ということは問題とならない。むしろ、手紙にあるように、浄土に生まれることは目出度いことにさえなる。

たしかに、浄土仏教は、死後浄土に生まれることを前提とする宗教だ。しかし、それは生きている間は無力であってよいという意味ではない。宗教はすべて、現実に生きている人間に力を与えるものであろう。死んでからのことは分からない。分からないことを議論するのは少なくとも仏教ではない。浄土仏教も、生きている間に仏になることは断念しているが、浄土という考えを媒介にして、従来の仏教とは異なる、新しい力を得る道を見出している。それを、親鸞は「往生」の理解を一歩進めることで明瞭にしたといえよう。ここに集められた手紙を貫く親鸞の思いは「正定聚」を鮮明にすることにあるといっても過言ではない。

4 「薬あり、毒を好め」

当時の念仏者のなかには、仏の教えに背く「悪人」であっても、いやそのような「悪人」であるからこそ浄土に迎えて仏とするという、阿弥陀仏の約束（誓願）を逆手に取り、わざと悪業を重ねる人々がいた。悪業を繰りかえせば繰りかえすほど、阿弥陀仏の救いが確実となるという誤解である。そういう人々のふるまいを、当時の人々は「造悪《ぞうあく》無碍《むげ》」とよんだ。どんなに悪いことを重ねても往生の障りとならない、という意味だ。悪業を重ねて生きるしかない人間には、阿弥陀仏の約束はまことに感激であり、喜びや生き甲斐をもたらしたことであろう。だが、それは一つ間違うと、どれほど悪いことをしてもよいのだ、という甘えを生む。

この「造悪無碍」の考えは、法然の時代からすでに生じていた。そしてその勢いは、ますます強まり、親鸞も絶えずこの問題に悩まされていたといってよい。そして、積極的に悪業を肯定する「造悪無碍」派が増えるにしたがい、その反動として、悪をやめ、善いことを実践しないと浄土への往生はむつかしい、という道徳を優先する「賢善精進《けんぜんしょうじん》」派が生まれてくる。いずれも、人間の「宿業《しゅくごう》」(過去の行為)や阿弥陀仏の本願を正しく理解していないところから生まれてくる考えである。そのような人たちを、門徒たちは「異義」者とよんで、また非難した。『歎異抄』には、そうした「造悪無碍」派と「賢善精進」派のぶつかりあいがよく描かれている。

この手紙においても、親鸞は、煩悩を言い訳の口実にして、心に任せて悪行に走るのは、あたかも阿弥陀仏の本願という薬があるからといって、毒を好むに似る、として批判している。ちなみに、親鸞自らは、「造悪無碍」という言葉は使用していない。親鸞が用いたのは、聖覚が『唯信抄《ゆいしんしょう》』でも使用している「放逸無慚《ほういつむざん》」(すきかってをしながら他に恥じないこと)という言葉である。

いずれにせよ、「造悪無碍」と「賢善精進」との相克こそ、本書に集められた親鸞からの手紙が書かれねばならなかった、大きな動機なのである。この手紙は、その序といえる。

5 「世を厭うしるし」

親鸞は、「造悪無碍」的なふるまいに対して、阿弥陀仏の誓願を信じる身となった以上、わざと悪を重ねる生き方はできなくなるし、悪業自身も抑制されるようになるはずだと繰りかえし強調している。誓願と出遇う前は難しかった慈悲行も、誓願のおかげでたとえわずかでも実践できるようになるのが、信心のたまものではないか、というのだ。

親鸞がいうのは、けっして先の「賢善精進」という道徳主義ではない。道徳は、自らのなかに善を行う力があると信じる立場だ。法然の浄土仏教は、そうした内なる善の力、善への意志を否定せざるをえないところに成立している。思うがままに、自在に善と悪を行じ分けることができるのであれば、だれが宗教を必要とするであろうか。自由に善と悪を行じ分けることができないばかりに、人は悩み苦しむのではないか。道徳では人は救われないのである。

親鸞が阿弥陀仏の誓願に助けられて念仏するようになると、自ずと悪も抑制され、手の届かぬはずの慈悲行がいささかでも実践できるようになる、というのは、念仏の力のたまものなのである。けっしてわが道徳的エネルギーによるのではない。それこそ、仏教徒の証として、仏道の実践がいささかでも可能となる、ということなのである。それを親鸞は「世を厭うしるし」とよんでいる。

世間の価値観や、常識というものさしで充足しているのであれば、けっして仏教の世界は開かれない。仏教へ関心があるというのは、世間の考えと距離が生まれたからであろう。その距離を感じることを親鸞たちは「世を厭う」という。世間と距離を感じたままに終わるのであれば、それは人生の敗者でしかない。大事なことは、そうした距離を感じながら、世間を別の視点から見るだけの智慧や力を見出すことだ。それがあってこそ、仏教といえる。つまり、「世を厭うしるし」とは、世間的価値観から解放された、仏教徒としての生き方がはっきりするということであろう。この手紙のなかで親鸞が求めているのは、そうした仏教徒としての生き方を示そう、ということではないか。

そうした仏教徒としての生き方の内実は、親鸞からの手紙が回を重ねるにつれて次第に明らかになってくる。つぎの第四通にも「仏教徒であるしるし」が強調されている。

6　信心の共同体

親鸞からの手紙は大部分が、同行たちに回覧されることを期待して書かれている。たとえ、特定の個人宛であっても、回覧がのぞまれている。それは今日のように、自由に紙が入手できる時代ではなかったことも大いに関係していることであろう。しかし、それだけではない。親鸞たちは、互いに同行として暮らしてゆく、いわば信仰共同体をつくっていたのであり、その証が回覧という行為になっていたと考えられる。

私は、親鸞からの手紙を現代語に写す作業をしながら、印象に残ったことがある。それは、手紙に使われている動詞の語尾に、「あふ」という言葉が付加されている点だ。それは原文でないと分からないから、該当する動詞だけをあげてみると、「念仏まふしあひたまふ」、「まどひあふ」、「わづらひあふ」「なりあはせたまひ」、「このみめしあふてさふらひ」と出てくる。これらはいずれも、仲間たちの存在が前提になっている言葉遣いであり、互いに……しあっている、という意味になる。意訳でもそういうニュアンスを残したつもりだが、要するに、手紙で指摘されている行為は、一人の行為ではない、ということであり、あきらかに、仲間たちを相手に記されているということである。また、読む方も、一人で読むのではなく、仲間で読む、ということである。その意味では、回覧も当然のことになる。

こうしたことから、私が関心をもつのは、親鸞の仏教は、従来とは異なる新しい共同体を生みだしているという点にある。それは、たとえば「正定聚」の説明にもはっきりと示されていて、「聚」という漢字に対して、親鸞は「ともがら」と仮名をふっている。

信心は勝れて私個人の選択に属するが、その信心によって生きてゆくということは、一人ではなく、仲間が必要だと考えられているということだ。結論が先に立つが、親鸞の仏教は、一人だけが救われたらよいという性格のものなのではない。もとより、仏教は、慈悲の実践が命の宗教であるから、一人だけの悟りということはありえない。だが、親鸞の場合、それまでの仏教者とは違い、信仰を中心とする、平等で非権力的な共同体がはっきりと目標にあがっているように思われる。それが暮らしの単位だと考えられていたのであろう。そのことが手紙からくっきりと見えてくるのだ。そのことは、手紙を読み進めてゆくうちにさらにはっきりとしてくるであろう。

第四通　明法の御房が往生をとげたこと（常陸国の同行宛か）　〔古二〇〕

お手紙をたびたびお送りしました。御覧にならなかったのでしょうか。

なによりも、明法の御房が往生の本意をおとげになったことこそ、常陸の国中の、浄土往生をねがっておられる人々のために、素晴らしいことです。往生は、いずれにせよ、凡夫の工夫によって達成できることではありません。立派な、智慧のある人でも自分の力で工夫することはできないのです。大乗仏教や小乗仏教の聖人でさえも、（往生については）ともかくも自らの工夫ではなく、ただ、阿弥陀仏の誓願の力に任せておられるのです。ましてや、みなさん方のような（仏教の知識もない）人々にとっては、ただ、阿弥陀仏の誓いがあると聞いて、念仏とお出遇いになられることこそ、滅多にない、素晴らしい果報なのであります。あれこれと自分で工夫されることは、絶対にあってはならないことなのです。

さきにお送りしました、「唯信抄」、「自力他力」の文をご覧下さい。これらの書物こそ、今の時代にとっては、よき導きとなるものです。（これらの書物の著者は）すでに浄土に生まれておられる方々でありますから、その文に書かれてありますことは、なにごとであっても、それよりも勝れたものはないのです。（この著者たちは）法然聖人の御教えを、よくよくご承知になっている人々でいらっしゃるのです。ですからこそ、往生も立派にお遂げになっておられるのです。

大体のところ、多年、念仏をしあっておられる人々であっても、そのなかには、もっぱら（教えとは無関係に）自分の思っていることだけを主張しあっている人々がいました。今も、事情は変わらないことと思います。明法房が往生されたのも、かつては、とんでもなく誤った考えをもっていたのを、その心をひるがえした上でのことだったのです。

自分は往生が定まっているからといって、してはならないことをし、思ってはならないことを思い、言ってはならないことを言うなどすることは、あってはならないことです。貪欲《とんよく》（むさぼり）の煩悩に狂わされて、欲も起こり、瞋恚《しんい》（怒り）の煩悩に狂わされて、嫉妬などすべき筋合いのない、因果の道理に反する心を起こし、愚痴《ぐち》（おろかさ）の煩悩に惑わされて、思ってはならないことも生じるのです。素晴らしい阿弥陀仏の誓いがあるからといって、わざと、してはならないことをし、思ってはならないことを思うなどすることは、よほど、この世を厭わしく思う気持ちも薄く、わが身の罪悪を、思い知らぬことですから、念仏に志もなく、阿弥陀仏の誓いにも関心がないのでしょうから、念仏されるとしても、そのようなお気持ちでは、死後、浄土に生まれることは難しいことでしょう。よくよく、この旨をお仲間にお聞かせ下さいますように。このように申してよいのかどうか、たまたま、私、親鸞のことを気遣いあってくださっている方々ですので、このように申し上げるのです。

現代の念仏の意味は、さまざまに変わってきていますので、あれこれと申すにおよばないことですが、法然聖人の御教えをよくよく聞いてこられた方々は、今でも、もとどおりに、お変わりになることはありません。（このことは）世間でよく知られていることですから、お互いにお聞きになっておられることでしょう。浄土宗の意味について、それぞれ互いに自己流に解釈しておられる人々も、法然聖人のお弟子といえばお弟子ですが、さまざまに教えを言い換えなどして、互いに自分も迷い、人をも迷わせあっておられるのです。痛ましいことです。京の都でも、多くの人々が迷いあっておられます。ましてや、田舎ではそうしたことになっているのだろうと、これ以上知りたいとも思いません。なにごとも、申し尽くしがたいことです。なおまた、申し上げることもありましょう。

さきにふれました明教房が京都へお越しになったこと、まことにありがたいことと思います。明法の御房が往生された様子を、目の当たりにお聞きしたのも、うれしいことです。みなさま方からの御志も、ありがたく思います。一方、この方々が上京されたこと、不思議のことと存じます。この手紙を、みなさま方に、分け隔てなく、読み聞かせてください。

この手紙は、常陸の山深くにお住まいの同朋方に、ひとしくご覧下さるように。あなかしこ、あなかしこ。

年来、念仏して往生を願うしるしには、もとは悪かったわが心をもひるがえして、友、同朋にも、互いに親切でおありになることこそ、仏教徒であるしるしではないかと考えています。よくよく御心得になって下さい。

(追伸)　〔古二二〕
指導者を粗略に思い、師を謗る人を、「謗法《ほうぼう》」の人と申すのです。親を謗るものを「五逆」の人と申します。(そういう人とは)席を同じくするな、とあります。そうでありますから、北の郡にいました「ぜんしょう房」は、親をののしり、私、善信をさまざまに謗りましたので、(私は彼に)近づこうとも、仲良くしようとも思わず、また、近づかせないようにしました。
明法の御房の往生のことを聞きながら、その行跡を軽んじる人は、同朋とは申せません。「無明」の酒に酔っている人に、ますます酔いをすすめ、三毒を久しく好んで食している人に、いよいよ毒を許して、好みなさい、と言いあっておられるのでしょうか。気の毒なことです。「無明」の酒に酔う悲しみ、「三毒」を好み食うて、いまだ毒も消え果てず、「無明」の酔いもいまだにさめやらぬ身を互いに続けていらっしゃるのです。よくよく気をつけてください。なにごとも、申し尽くしがたいことです。またまた申します。あなかしこ、あなかしこ。

親鸞

第四通　ノート

1　自己流

第二通のはじめに、浄土に生まれるための方法について、自己流の工夫を凝らさないように、という注意がなされている。法然にはじまる専修念仏（本願念仏）は、阿弥陀仏の本願を信じて、阿弥陀仏が工夫した念仏を行じる、ということに尽きる。しかし、それがあまりに簡単な行であるために、かえって人々が疑心暗鬼して、阿弥陀仏の誓いのほかに条件をつけたり、念仏の回数を問題にしたり、要するに自己流の工夫を凝らす傾向が強まった。その傾向は法然存命中からあらわれており、法然の宣教活動は、多くの場合、このような自己流の理解、工夫を相手に、専修念仏のあり方を説く、ということになっている。関東における親鸞の活動も同じであった。

そのような自己流を回避するためにも、親鸞は、この手紙に記しているように、関東の同朋にもっぱら聖覚の「唯信抄」や隆寛の「自力他力事」を書写して送っている。聖覚法印と隆寛律師は、親鸞が法然門下のなかでも、とりわけ尊敬をしていた人物で、「唯信抄」は法然の主著『選択本願念仏集』の要点を分かりやすい和語で平明に記したものとして高く評価されていた。

親鸞がこれら先輩の書物を幾たびも書写して送っているのは、もっぱら、遠く離れた同朋たちがそれぞれの自己流で専修念仏の理解を誤らないようにするのが目的であったが、本書の半ば頃から判明するように、親鸞の息子・善鸞によって親鸞の教えとは違ういわば「異義」が生じると、たちまちそれになびく同朋も少なくなかった。そうした悲劇に襲われたとき、親鸞はあれだけ書写して送った、「唯信抄」も「自力他力事」も無益であったのか、と嘆く。だが、それでも、事態が沈静化し始めると、再び「唯信抄」を書写して送るのである。そこには、法然に教えられた専修念仏が正しく伝承されることを願う親鸞の強い意志がはたらいている。

こうした自己流への批判は、本書でも、第五通にも出てくるが、年とともに強くなり、とくに善鸞事件以後、「念仏には無義をもって義とす」という法然から直々に聞いた法語を手紙のなかに繰りかえし記して書き送っている。

第五通　悪は存分に行うのがよいのか（宛先不明）　〔古一七〕

経典や注釈書に説かれている教えをも知らず、また浄土宗の教えの極みも知らずに、考えられないような放縦と罪悪を恥じることもない人々のなかに、「悪は思う存分に行うのがよい」と、なによりも強調しておっしゃっていることこそ、ほんとうに言語道断のことです。

北の郡（今の茨城県北部）にいた善乗房という人には、私はついに親しむことなくして終わりましたが、そのことはご存知でしょう。愚かな人間だから、なにごとも思うがままでよいのだということならば、盗みをし、人を殺したりしてもよいものでしょうか。もと、盗み心があった人も、極楽を願い、念仏するほどになれば、もとの曲がった心を改めてゆくべきでしょうに、そのしるしもない人々に、罪悪を犯しても差し支えないということはけっしてあってはならないことです。

煩悩に狂わされて、思いもかけず、してはならないことをなし、いってはならないことを口にし、思ってはならないことを思うものなのです。往生に差し支えがないからといって、人に対して腹黒く、してはならないことをなし、いってはならないことを口にするのであれば、煩悩に狂わされたのではなく、故意にしていることであり、それはけっしてあってはならないことです。

鹿島や行方の人々の悪いことを注意して、そのあたりの人々の、とくに間違ったことを制止してくだされればこそ、私のもとからそちらへ出向いてくださったしるしとなるのではないでしょうか。

振る舞いは、なんとでも心にまかせよ、といったそうですが、あさましいことです。この世の悪いことを捨てて、あさましいことをしないということでこそ、世を厭い、念仏するということにもなるのです。年来、念仏する人が、人のために悪いことをし、また口にもするならば、世を厭うしるしもないことになります。ですから、善導大師は、悪を好む人からは慎んで遠ざかれ、とこそ、「至誠心」の教えのなかで教えおかれておられるのです。いったいいつ、自分の心の悪にまかせてふるまえ、とありましたでしょうか。大方は経典や注釈書をも知らず、如来の御事も知らない身の上に、そのような教えはあろうはずもありません。あなかしこ、あなかしこ。

また浄土に生まれることは、万事凡夫のはからいによるものではありません。阿弥陀仏の誓願におまかせしてこそ、他力といえるのです。さまざまにはからいあっておられる様子、奇妙なことです。あなかしこ、あなかしこ。

十一月二十四日

親鸞

第五通 ノート

1 「煩悩に狂わされる」

念仏者のなかには、阿弥陀仏が悪人であれ、罪人であれ、愚かであれ、いかなる人間でも阿弥陀仏の名を称すれば、浄土へ迎えると約束しているのだから、どんなに悪業や罪を犯しても、あるいは愚かな行為を繰りかえしてもよいのだ、と、短絡的に理解するものも少なくなかったようだ。そうした風潮に対して、親鸞は「煩悩に狂わされて」する行為と、「故意に」する行為とを区別せよ、と諭している。

だが、この区別はいうほどには容易くはない。なぜならば、「故意に」という行為も、煩悩のなせる結果であるからだ。煩悩のせいにするにせよ、自分の意志の結果だと見るにせよ、いずれにしても、『歎異抄』の言葉でいえば、「宿業」のなせるところだという点では、同じことといわねばならないだろう。

ただ、この私は阿弥陀仏の誓願によって救われようとしているのか、あるいは、私の行為を正当化するために阿弥陀仏の誓願をもちだしているのか、という違いに気づくかどうか、だ。この違いには、雲泥の差があることだけはたしかに了解されよう。

2 「この辺よりいできたるしるし」

手紙のなかで、鹿島や行方の人々が間違っているときにはそれを制してこそ、「私のもとからそちらへ出向いてくださったしるし」もあったといえるのに、とのべている箇所がある。原文でいうと、「この辺よりいできたるしるし」である。「この辺」とは、親鸞の近辺から、ということであり、京都から関東へ下った人、を指す。

この人が、のちに登場する親鸞の息子・善鸞を指すのかどうか、これだけでは分からない。だが、今までの手紙からも分かるように、関東の同朋たちのなかに、悪いことをしても往生の障りとならない「造悪無碍《ぞうあくむげ》」(親鸞の言葉でいうと、放逸無慚《ほういつむざん》)、つまり、すきかってをしながら他に恥じないという風潮が色濃く見て取れる点からも、そうした風潮を正すために京都の親鸞から派遣された、あるいはそのメッセージを託された人がいたことはまちがいないだろう。

いずれにせよ、ここでも親鸞は、この際「世を厭うしるし」を鮮明にせよ、と願っている。

第六通　争論を慎むこと（宛先不明）　（古二五）

なにごとにもまして、阿弥陀仏の御本願が広まっていますこと、かえすがえすめでたくうれしく思います。そのことについて、おのおの、ところどころに、我こそは（本願についてよく知っている）という自負心から、争うこと、けっしてあってはならないことです。京都にも、一念多念などという、争論の多くありますこと、けっしてあってはならないことなのです。一向に、つまるところは、「唯信抄」、「後世物語」、「自力他力」、これらの書物をよくよく常から読み、その趣旨に違わないようになさってください。どちらの方々にも、この趣旨をお話しになって下さい。

なお、はっきりしないことがあれば、（私も）今日まで存命しておりますから、なにかのついでというのではなく、そのことのためにおたずねになって下さい。また、手紙でもおたずね下さい。鹿島・行方の方面の人々にも、この気持ちをよくよくお伝え下さい。一念多念の争いなどのように、甲斐のない、論争だけをいいつのられているにちがいありません。よくよく慎むべきことです。あなかしこ、あなかしこ。

こういうことを心得ない人々が、重要でもないことをいいあっておられるのでしょう。よくよくお慎みくだささい。くれぐれも。

二月三日　　　　　　　　　　　　　　　　　　親鸞

第六通　ノート

1 「一念・多念」

念仏者の間で「一念・多念」の論争があるが、それは無益なことだと記されている。どのような論争であったのか。

専修念仏では、阿弥陀仏の誓願を信じて念仏すれば、必ず浄土に生まれて仏になる、と教えるが、誓願を信じて一度念仏すればそれで十分なのであり、以後、念仏を重ねる必要はない、という主張が「一念」派である。それに対して、法然以前から、毎日の念仏の回数を定めて実行し、その功徳をもって臨終に阿弥陀仏の来迎を期待しようという考えがすでに有力であったが、専修念仏においても、生涯、念仏を続けることが浄土に生まれるためには必須だと主張する人々が現れる。それが「多念」派である。

これに対して、法然は「一念」も「多念」も間違いだと指摘している。なぜなら、たしかに一声、十声の念仏であってもそれによって浄土に生まれるのは間違いないが、それで十分だとして以後の念仏を無視するのは、生涯にわたって念仏するものも救う、という阿弥陀仏の誓願を人間の側から限定することになるからだ。また、念仏の回数にこだわって、念仏を生涯にわたって繰りかえさなければ、往生できないというのは、これまた阿弥陀仏の、一度の念仏によっても浄土に生まれることができるという誓願を信じていないことになる。いずれも、阿弥陀仏の第十八願を正しく理解せずに、自己流に理解するところに誤りがある、という指摘であった。

親鸞は、ここでも、「唯信抄」など、書写して書き送った書をよく読んで、「一念・多念」の誤りを克服するように教えている。たとえば、「唯信抄」には、この論争についておよそつぎのようにのべている。

浄土に生まれるための行としては、阿弥陀仏の誓願を信じる心が一度でも起こればそれで十分だというのは、まことにもっともであるが、その後、念仏の回数を重ねるのは、阿弥陀仏の誓願を信じていないことになる、というのは言い過ぎではないのか。一回の念仏によって浄土に生まれることが定まったと信じて、しかも生涯怠りなく念仏するのが本願念仏ではないのか、と。

要は、阿弥陀仏の誓いを信じ切ることができれば、念仏（称名）という行は一回で十分だという立場は、いわば信心主義であり、それが「一念」派だとすると、阿弥陀仏の誓願（約束）のうちで、念仏せよ、という行だけを取りだして、誓願を信じるという点をおろそかにするのが「多念」派だということになる。法然自身は、このように、阿弥陀仏の誓願を信心と行（称名）に分ける考えを否定したのである。

それにしても、法然や親鸞のまわりには、文中にある「甲斐のない論争」の、なんと多いことであったことか。その具体的なすがたは法然の語録や『歎異抄』に多く記されている。本願念仏は行としては容易であったが、その真意を理解することは容易ではなかったのである。

第一三通にも、同じ問題があつかわれている。

2 「わざともこれへ」

手紙には、はっきりしないことがあれば、なにかの「ついで」というのではなく、「そのことのために（私のところへ）おたずねになるように」と要請している箇所がある。原文でいうと、「わざともこれへたづねたまふべし」にあたる。「これへ」は親鸞のところへ、ということ。

信心や称名をめぐる大事な疑問は、たとえ遠方であっても、それを解決するために、わざわざたずねてくるように、という誘いであるが、こうした誘いがなされていたからこそ、『歎異抄』の第二章にあるような、わざわざ身命を賭して、親鸞のもとへたずねてくる同朋が生まれたのである。彼らの求道の深さに打たれるとともに、彼らを招いてやまない親鸞の慈悲心にも心打たれる。また、実際、第一二通に紹介されているように、雇い主にも無断で親鸞を訪ねるために上京した者もいたのである。関東と京都という遠距離をものともしない、信心をめぐる強力な磁場があったことに私は感動する。

第七通　神仏を軽んじてはならない（「念仏の人々」宛）〔古二八〕

まず、よろずの仏や菩薩を軽んじ、よろずの神々や冥界の閻魔王たちを否定するということは、（私たち念仏者にとっては）まったくないことだということを申しておきます。六道輪廻の、それぞれの境遇で、数限りなく、またどのような場所にもましますぎ仏、菩薩のご利益をうけることによって、よろずの善を修行してきました。しかし、自力では、迷いの世界を出ることができずにいたのです。そこで、生まれ変わり死に変わりすることになったのですが、そのきわめて長期にわたる流転の間に、諸仏・菩薩のおすすめを得て、今、滅多に遇うことができない阿弥陀仏の御誓いに遇うことができたのです。その御恩を忘れて、よろずの仏・菩薩をおろそかにするということは、深い御恩を理解していないというべきでしょう。

仏法を深く信じる人を、天地にいらっしゃるよろずの神々は、影が形にしたがうようにして、お守りになることですから、念仏を信じた身で、天地の神々を否定しようと思うことは、けっしてないことなのです。（念仏者においては、仏教とは縁遠い）神々でさえも否定されるということはありません。ましてや、よろずの仏・菩薩をおろそかに、粗略に思うことなどありえましょうや。よろずの仏を粗略に思うならば、それは、念仏を信ぜず、阿弥陀仏の名を称しない身だということでしょう。

つまるところ、ありもしない作りごとを言い、間違ったことを、ことにふれて、念仏する人々に言いつけて、（それを口実に）念仏を禁止しようと、それぞれの荘園の所有者や幕府の役人たち、名主たちが企むことは、十分に理由があることといわねばなりません。そのわけは、釈迦如来の御言葉に、念仏を誇るものを「眼のない人と名づく」と説き、「耳のない人と名づく」とかねて仰せになっておられるからです。

善導和尚は、「悪世、末法の時代、念仏の教えを疑謗するものが多く、出家も在家も念仏の法門を嫌って、その教えを聞くことをせず、念仏を修行するものを見ては、怒りを発し、手段をえらばず信心を破壊し、競って念仏の行者への怨みを生む」という解釈をたしかにのこしておられるのです。

この末世のならわしで、念仏を妨げようとする人は、荘園の所有者や幕府の役人、名主であって、理由のあることでこそあります。いまさらかれこれいうべきことではありません。

念仏する人は、このように念仏を妨げようとする人々に同情し、気の毒に思って、念仏を丁寧に申して、妨げをなそうとする（悪事）から救われるように、（とこそ祈るがよい）と、法然聖人もお話しになられたことがありました。よくよく、（法然聖人のお気持ちを）おたずねになることです。

つぎに、念仏をなさる方々のことですが、阿弥陀仏の御誓いは、煩悩から逃れることができない人間のためだと信じられますことは、結構なことであります。ただ、（阿弥陀仏の誓いが）悪人のためだからといって、ことさらに悪事を心にも思い、身にも口にもあらわせとは、浄土宗で申すことではありませんから、人々にもそうしたことをお話ししたこともありません。

大方は、煩悩から逃れられない身で、心を制することもできないけれども、浄土に生まれることは疑いをもたずにしようと、お考えになるように、とこそ、師も指導者も申すことでありますのに、このように（煩悩の満ちた）悪身であるからといって、間違ったことをわざと好んで、念仏をする人々の障害となり、師のためにも、信心のよき導き手のためにも、非難されるようなことをせよ、と申すことは、けっしてあってはならないことなのです。

阿弥陀仏の御誓いに漸く遇うことができ、阿弥陀仏のご恩に報いようとこそお思いになるべきですのに、念仏禁止に関わっておられるように見えますことこそ、何度考えても理解に苦しみます。意外なことです。人々が間違って心得ておられるがゆえに、あるはずもないことどもが伝わってくるのです。まことに残念なことです。

ただし、念仏の人が間違ったことを申されるならば、その当人だけが地獄にも堕ち、悪鬼神ともおなりになるのでしょう。すべての念仏者の罪になる、とは思いません。十分注意してお考えになって下さい。なんとしても、念仏なさる方々へ、くれぐれもよくこの手紙をご覧になってご理解下さいますように。あなかしこ、あなかしこ。

九月二日　　親鸞

念仏の人々の御中へ

第七通　ノート

1　弾圧の口実

法然の浄土宗樹立は、既成の大教団を根底から揺るがすことになる。というのも、浄土宗は、罪人であろうと、悪人であろうと、当時の社会では差別されていた人々であっても、老若男女を問わず、身分の上下を問わず、どのような人であっても、阿弥陀仏の名を称すれば、かならず浄土に生まれて仏になることができると教える。そこでは、出家という修行の形式や、戒律の遵守や学問の有無は、まったく意味を失う。それは、従来の仏教教団の、いわば存在理由そのものを根本から否定することになる。そのために、奈良や比叡山などの大仏教教団は、朝廷や鎌倉幕府とも手を結び、浄土宗に対する執拗な弾圧を繰りかえすことになった。

弾圧のためには口実が必要になるのは今も昔も変わらない。大教団や為政者が採用した口実は二つあった。一つは、浄土宗の信者たちが、世の秩序や道徳を軽んじるということ。二つは、彼らが阿弥陀仏だけを拝み、他の仏や神々を拝まないということであった。

前者は、第三通ですでにみたように、「造悪無碍《ぞうあくむげ》」とよばれた傾向であり、後者は「神仏軽侮」と非難された傾向である。ここで問題となっているのは後者である。

もっとも、「造悪無碍」や「神仏軽侮」という言葉が、誰がどのような事情のもとで発したのか、は定かではない。今日では、研究者も、当たり前の言葉としてこれらの用語を使用しているが、果たしてどういうものだろうか。というのも、浄土宗という今までの仏教とはまったく異なる、新しい救済に与った人たちは、その新鮮な立脚地に感動して、煩瑣な約束事や、形式的な人間関係などを無視して、率直に自らの意見を主張し、阿弥陀仏への感謝や喜びを吐露したのであり、その結果、ときに、従来の道徳や神仏崇敬のしきたりを無視するように見えただけのことであったようにも思われるからだ。もちろん、なかには、自己の行為の正当化のために浄土宗の教えを利用する人々もいたであろう。だが、全体としては、新しい信心にもとづく、多くの民衆の喜びや自信が沸騰していたのではないか。それを無視して、「造悪無碍」や「神仏軽侮」というレッテル貼りに終始したのは、ほかでもない、弾圧者たちであったのだろう。

この手紙で、親鸞はそのことを鋭く見抜いている。「領家・地頭・名主」たちが「ありもしない作りごとを言い、間違ったことを、ことにふれて念仏する人に言いつけて（それを口実に）念仏を禁止しよう」とする、と。

2 権力者たち

親鸞は、この手紙のなかで、念仏者たちを弾圧するのは、きまって、領家（荘園の土地所有者である貴族）や地頭（鎌倉幕府の役人たち）、それに名主クラスだと明言している。彼らは、現代の言葉でいえば、体制の秩序維持に力を注いでいる人々であり、その秩序から利益を得ている人々である。そのような人々にとっては、体制の秩序がいささかでも損なわれる恐れのあることは、どんなに些細に見えても、取り除こうとする。

浄土宗の念仏は、宗教の世界のことだから、体制の破壊とは無関係であるかに思われるかもしれない。だが、中世の村落では氏神を中心とする神々への帰属が支配の手段となっていたから、神を軽んじる傾向はどんなに些細に見えても支配への反逆とみなされた。

こうした権力者のあり方を、親鸞は、「眼のない人と名づく」(「名無眼人《みょうむげんにん》」)、「耳のない人と名づく」(「名無耳人《みょうむににん》」)とよんでいる。もとは仏教で、真理を見ることもできず、真理を聞くこともできない、迷いから解脱できない人のことをいうが、親鸞は、とくに念仏を謗り、弾圧する人のことを指している。これらの言葉は、今日では差別語になるが、親鸞は、真理に暗いがゆえに、不当な弾圧に荷担するという点を強調しているのであろう。

また、善導和尚の言葉を引用して、こうした弾圧が、かねて予想されていたことを明かして、同朋たちに挫けないように励ましている。

さらにいえば、このような弾圧を繰りかえす権力者たちに対して、親鸞は、彼らが仏教を誹謗した罪によって地獄などに陥らないように、慈悲のこころをもって念仏をするように、とすすめている。そして、このような態度は、師の法然から教わったことであることを明言している。第九通でも同じ問題があつかわれている。

3　善鸞への疑い

親鸞は、念仏者への弾圧が、ある意味では必然的であることを明かしながら、同時に、彼らに余計な口実を与えないように、「世を厭うしるし」をはっきりさせるように要望している。しかし、この返信を認める段階で、関東の念仏者のなかに、念仏禁止に手を貸しているものがいるのではないか、という疑いをもちはじめている。

この手紙は建長七（一二五五）年に比定されているが、親鸞の息子・慈信房善鸞が、関東の念仏者をめぐる幕府との軋轢を解決するために京都から派遣されたのは、建長四、五年の頃といわれているから、すでに三年ほどの時間が経過していることになる。この間、善鸞はどのような活動をしていたのであろうか。親鸞が、その結果をはっきり知るのは、もう少し時間が経ってからであり、この手紙では、ようやく善鸞への不審の念が頭をもたげはじめた段階といえよう。それは第七通と同日に記された、つぎの善鸞宛第八通に一層はっきりと認められよう。

第八通　ことさらに悪をこのむ人（慈信房善鸞宛）〔古二九〕

お手紙を書いてお送りします。この手紙を人々にもかならず読み聞かせてください。遠江《とおとうみ》の尼御前がお心をこめてしかるべくご処置をしてくださった様子です。かえすがえす結構なことであり、心うたれます。よくよく、京の私からも喜んでいる由、お伝え下さい。

信願房が言っていることは、かえすがえす気の毒に思います。煩悩から逃れられないからといって、ことさらに間違ったことを好み、師や信心のよき導き手のために不都合なことをあれこれと企てて、念仏の人々のためには罪となることを知らないのは、阿弥陀仏のご恩を理解していないことなのです。くれぐれもよくお考えになってくださいますように。

また、ものに狂って死んだ人のことを例に出して、信願房のことを、善いとか悪いとか、いうべきではありません。念仏をする人の死に様も、身体の病気の場合は、その往生の様子をとやかくいうべきではありません。心の病の場合は、天魔ともなり、地獄に堕ちることにもなるのでしょう。心より起こる病と、身体からおこる病とは、違いますから、心からおこる病で死ぬ人のことを、十分注意してお考えにならなくてはなりません。

信願房がいうには、凡夫のならいで、悪が本当の姿なのだから、思ってはならないことを好み、身にもしてはならないことをし、口にも言ってはならないことを言ってもよいのだ、と申しているそうですが、それこそ、信願房の言いようとは思えません。往生に支障がないからといって、間違ったことを好んでよいとは、お話ししたこともありません。何度考えても、理解できません。

つまるところ、間違ったことをいう人は、その身ひとり、不本意な結果を招くことにもなるでしょう。（しかし、それが）すべて、よろずの念仏者の妨げとなるだろうとは思われません。また、念仏を禁止しようとする人は、その身になにがおこるかは分かりませんが、よろずの念仏する人々の罪科になるとは考えられません。

「悪世、末法の時代、念仏の教えを疑謗するものが多く、出家も在家も念仏の法門を嫌って、その教えを聞くことをせず、念仏を修行するものを見ては、怒りを発し、手段をえらばず信心を破壊し、競って念仏の行者への怨みを生む」と、はっきり、善導和尚の御教えもあることです。釈迦如来は、「眼なき人と名づけ、耳なき人と名づける」と説いておられます。このような人ですから、念仏を禁止し、念仏者を憎んだりするのでありましょう。こうした、念仏者への非難や妨害は、（私たちにとっては）その人々を憎まずして、念仏をこれらの人々に申して助けようと思いあわせるように、ということなのです。あなかしこ、あなかしこ。

九月二日　　　　　　　　　　　親鸞

慈信坊　御返事

入信坊、真浄坊、法信坊にも、この手紙を読み聞かせてください。本当にお気の毒なことです。性信坊には、春、上京されたときによくよく話しました。久下（？）殿にも、十分に御礼を申しのべて下さい。

この人々が間違ったことを互いに言っておられるとしても、道理まで見失っておられるのではないと思います。世間にもそういうことがあります。荘園の所有者や幕府の役人たち、名主たちが間違ったことをするからといって、農民たちが動揺することは絶対にないのです。

仏法を破る人はいません。仏法者が仏法を破る譬えとしてあるのは、「獅子の身中の虫の獅子を食らうがごとし」ですから、念仏者を仏法者（旧来の仏教徒）が破り、妨げるのです。十分にご理解下さい。どうしても、お手紙では申し尽くすことができません。

第八通　ノート

1「獅子身中の虫」

第八通では、親鸞の信頼の厚かった信願房について、信じられないようなことを善鸞が伝えてきたために、親鸞の不審の念が一層はっきりとしてきている。手紙によると、善鸞は、信願房が「凡夫の本性は悪にあるのだから、なにをしてもよいのだ」という趣旨のことを言いふらしている、と親鸞に告げてきたようだ。それに対して、親鸞は、そうした言動は信願房のものとはとても考えられない、と擁護し、さらに追伸でつぎのようにのべている。

「入信坊、真浄坊、法信坊」、そして「性信坊」の名をあげて、かりにこれらの人々が善鸞の報告にあるように、間違ったことをいっているとしても、道理まで失っているとはとても思えない、と。そして、念仏者を誹謗する人たちがいるとしたら、「獅子身中の虫」の譬えにもあるように、それは同じ仏教徒のなかでのことだ、と、念仏者の名を騙る似非念仏者がいるのではないか、と案じている。その「獅子身中の虫」がまさか自身の息子であるとは、親鸞はまだこの段階では知らない。

2 狂死

第八通の文面から見ると、善鸞は、信願房が、人は煩悩からまぬがれないのだからわざと間違ったことをしてもよいのだ、と言いふらしている結果、その弟子から「狂死」するものがあらわれた、と、まるで「造悪無碍《ぞうあくむげ》」の報いが狂死になってあらわれたかのように報告してきたらしい。

それに対して親鸞は、断固としてそのようなこじつけは許されないと善鸞を諭している。親鸞がその理由としてあげているのは、病には心から起こる病と身体から起こる病があるが、念仏者として考えねばならないのは心の病の方であり、善鸞が問題としている狂死は身体の病だ、という点であった。

これにはいささか説明がいるであろう。狂うというのは一見すると精神の病のように思われるかもしれないが、脳細胞にせよ、神経にせよ、それらは肉体に属する。精神病は身体から起こる病なのである。では、ここでいわれている心から起こる病とはなにか。

河田光夫は、「心から起こる病」の例として、「汚職をしてもなにも感じない人」をあげて、具体的には「念仏を信じられない人」を指す、と説明している（『親鸞からの手紙を読み解く』明石書店、一〇一、一〇三頁）。

親鸞がいわんとしたのは、身体から起こる病は、個人の意志ではどうしようもないこと。病は受け容れるしかない。したがって、臨終の相が悪いとか、善いとかによって、浄土に生まれたかどうかを判断するのは愚かしいことになる。肉体的苦痛に責められれば、念仏者でも悪相で終わらねばならない。肉体的苦痛は意志の力で防げるとはかぎらない。

だが、念仏を誹謗するという、心から起こる病は、中世の人生観からいえば、死後は地獄や天魔に生まれる所行となるのであり、それだけに、念仏者もまたこうした人々の将来を真剣に心配しなければならないのだ。ここに、親鸞が「心から起こる病で死ぬ人のことを、十分注意してお考えにならなくてはなりません」と書き送る理由があった。

3　権力者たちと百姓

第八通には、追伸で、善鸞によって批判されている念仏者たちにも、道理が失われているわけではないと諭すとともに、支配者たちが間違ったことをするからといって、ただちに「百姓」(農民)がそれに同調する、というものでもない、とのべている。原文でいえば、「領家・地頭・名主のひがごとすればとて、百姓をまどはすことはさふらはぬぞかし」である。支配者たちは、念仏者の間に「造悪無碍」や「神仏軽侮」の風潮を見出して、それを口実に弾圧に乗り出すが、彼らのそうした誤った行動に対して、百姓たちは、けっして全面的に同調して、支配者のいうとおりになるものではない。だから、善鸞が仰々しく伝えてくる「造悪無碍」の風潮もよく見定めよ、と忠告している。このような忠告が生まれてくる背景には、親鸞が越後以来、二十年に及ぶ関東在住のなかで、身近に接してきたがゆえに肌で感じることができる、百姓への深い信頼感があったといえよう。本願念仏は、このような百姓たちに受容されてきたのである。その百姓が簡単に権力者のいいなりになるとは、親鸞にはとても信じられなかったのである。

第九通　他力には義なきを義とす(「笠間の念仏者」宛か)　〔古二〕

笠間の念仏者が出された疑問、質問に答えて。

浄土真宗の考えでは、浄土に生まれる人々には、他力をたのむ場合と、自力をたのむ場合があります。このことはすでにインドや、中国の浄土教の高僧たちが仰せになっています。

まず自力とは、行者のそれぞれの縁にしたがって、阿弥陀仏以外の仏の名を称え、念仏以外の善を修行して、わが身をたのみ、わが工夫・判断をもって、行いや言葉、意識の乱れ（を整え）、心を繕い、（それらを）立派にして、浄土に生まれようと思うことをいうのです。また、他力とは、阿弥陀仏の御誓いのなかにある、阿弥陀仏が（もろもろの行のなかから）選択された第十八番目の、念仏するものを浄土に迎えるという本願を信じることを申すのです。阿弥陀仏の御誓いですから、「他力には義なきを義とす」、つまり、他力を信じる際には、人間の工夫・判断のないことが正しい理解であり、根本となることであり、（それは）かねて法然聖人の仰せになっていたことです。「義」とは、「はからう」、つまり自分で工夫したり、判断することです。行者が工夫したり、判断することは自力ですから、「義」というのです。他力は、阿弥陀仏の本願を信じて、往生が必ず定まるのですから、さらに「義なし」、つまり、（行者の）工夫や判断を必要としない、ということになります。

ですから、わが身が悪いからといって、どうして阿弥陀仏が迎えてくださるだろうか、いや迎えてくださるわけはない、と思ってはならないのです。凡夫は、もとより煩悩から逃れることができない存在ですから、悪者に決まっています。また、自分の心がよいから浄土に生まれることができると思ってはなりません。自力の工夫では、真実の浄土に生まれることはできないのです。念仏する者がそれぞれに自らを信じる心では、浄土の郊外、僻地に生まれるだけで、また、母の胎内にとどまるように、浄土に生まれても蓮のなかに閉じこめられたままで、あるいは疑いをもつ者ばかりが閉じこめられる城に生まれるのがせいぜいだ、と聞いてまいりました。

第十八番目の願いが成就したので、(法蔵菩薩は)阿弥陀仏とおなりになり、(その)人間の思惟を絶した利益を(衆生に)無限にお与えになるお姿を、天親(世親)菩薩は、「盡十方無《じんじつぽうむ》碍《げ》光如来《こうにょらい》」と解釈なさいました。それゆえに、善人・悪人の区別なく、煩悩の心も問題とせず、差別せずに、必ず浄土に生まれるのだ、と知りなさい、とおっしゃっているのです。ですから、源信和尚は『往生要集』のなかで、阿弥陀仏の本願に基づく念仏を信じる様子をあらわして、「漂泊の暮らしであろうが定住であろうが、坐していようが臥していようが問題ではないし、時・所・手づるを選ばない」と仰せになりました。真実の信心を得た人は、阿弥陀仏の（衆生をして）仏とする導きのなかにおさめとられているのだ、とたしかに述べられています。

それゆえに、真理に暗く道理を知らないという煩悩を具えたままでも、浄土に生まれるならば、かならず、最高の悟りにいたると、釈迦如来はお説きになっているのです。しかし、末世、悪世に生きるわれらが釈迦如来の御言葉を信じて受け容れることは容易ではなかろうと（察して）、十方の数限りない諸仏が、（私たちの成仏の）証人となって下さっているのだと、善導和尚は解釈しておられます。（また善導和尚は）釈迦・阿弥陀仏・十方の諸仏、みな御心を同じくして、本願念仏の衆生に対しては、影が形に添うように、お離れになることがない、と明らかにしておられます。

したがって、この信心の人を、釈迦如来は「わが親しき友なり」とお喜びになっています。（また善導和尚は）この信心の人を「真の仏弟子」といっておられます。また、この人を「正念に住する人」といいます。この人は、阿弥陀仏がすくいとってお捨てならないので、「金剛心を得たる人」と申します。この人を「上上人《じょうじょうにん》」とも、「好人《こうにん》」とも、「妙好人《みょうこうにん》」とも、「最勝人《さいしょうにん》」とも、「希有人《けうにん》」とも申します。この人は、「正定聚《しょうじょうじゅ》」の位に定まっている、と知るべきです。したがって、（つぎの生で仏になると決まっている）弥勒菩薩と等しい人だとおっしゃっています。

これは真実の信心を得たために、かならず真実の浄土に生まれるのだ、とお知りになってください。この信心を得ることは、釈迦・阿弥陀仏・十方の諸仏の御手だてによってたまわったとお知りになるべきです。そうなると、諸仏の御教えをそしることもありませんし、念仏以外の諸善を実行している人をそしることはありません。

念仏する人を憎み、そしる人をも、憎み、そしることはあってはならない、（そうではなく、こうした人には）慈悲の心をかけて、悲しむ心をもつべきだと、法然聖人は仰せになったことがありました。あなかしこ、あなかしこ。

阿弥陀仏の恵みの深いことは、浄土の郊外に生まれても、また浄土で、蓮の花に閉じこめられたまま長い時間を経ることになっても、阿弥陀仏の御誓いのなかには、第十九・第二十願の慈悲があり、それによって、真実の浄土への往生がかなうという楽しみに遇うことになるのです。阿弥陀仏の恵みの深いこと、かぎりがありません。ましてや、真実の浄土に生まれて、大涅槃の悟りをひらくことになるのです。阿弥陀仏の御恵みをくれぐれもお考えになって下さい。このこと、ことあたらしく、性信坊、親鸞が工夫して申し上げることではありません。絶対に。

建長七歳乙卯十月三日

愚禿《ぐとく》親鸞八十三歳書之

第九通　ノート

1「他力には義なきを義とす」

第九通は、親鸞の布教地の中心であった笠間（現在の茨城県笠間市）の同朋たちが、「自力」と「他力」のちがい、信心のあり方などについて、おそらく性信から受けたと思われる説明に満足せずに、直接、親鸞に問い合わせてきたのに対して、親鸞が返答したものである。そのために、末尾にわざわざ性信の名をあげて、この手紙の内容は、性信や親鸞の恣意によるものではなく、経典などに根拠をもつものだと返事をしている。

説明のなかで注目すべきは、「他力」に関してあらためて法然の教えを紹介している点であろう。親鸞は晩年になればなるほど、師・法然に対する敬慕の念が強くなったようで、このあとの手紙でもしばしば法然に言及している。

とくに、「他力」を信じるにあたって、親鸞は法然の「他力には義なきを義とす」という教えを繰りかえし門弟たちに書き送っている。親鸞によれば、「義」とは行者が

「はからう」ことであり、阿弥陀仏の本願を信じる際には、そのような「はからい」は要らない、と教えている。

ただ、この言葉遣いで注意を要するのは、「義なきを義とす」という短い文のなかにある、二つの「義」の理解だ。両方とも、「はからい」だとすると、「義なきを義とす」は、「はからないのないことがはからいだ」ということになり、同義反復となってしまう。もちろん、「はからい」という言葉にこだわる人には、あえてその言葉を用いれば、「はからい」がないことが、行者の「はからい」だ、と説明できるのかもしれない。

また、こうした誤解を避けるために、はじめの「義」は人間の「はからい」だが、あとの「義」は阿弥陀仏の「はからいだ」という解釈もある。しかし、それは解釈のし過ぎではないか。ここは、多屋頼俊が指摘しているように、あとの「義」は「本義」（正しい理解、根本となること）という意味であり、親鸞もそうした用い方もしているから、「義なきを義とす」は、「はからいのないことが正しい理解であり、根本となる」ということになろう。それで問題はないように思う。

要は、阿弥陀仏の本願を信じて念仏する場合には、本願をそのままに信じて、つまり自分の価値判断を加えずに（それが「はからい」を捨てるということ）信じる、それが大事なことだ、ということになる。
「他力には義なきを義とす」という言葉は、このあと、第一六通や第三三通、第三四通、第三五通にも出てくる。

2 「盡十方無碍光如来」

インドの浄土教思想家・天親（世親）は、阿弥陀仏を「盡十方無《じんじつぽうむ》碍《げ》光如来《こうにょらい》」とよんだが、それは、現代風にいえば、阿弥陀仏をどのように理解するかを示す解釈の一つなのである。単なる名称の読み替えではない。つまり、阿弥陀仏は「無量の光明」と「無量の寿命」をもつ存在だと経典では記されている。それだけの説明でも、古代の人は阿弥陀仏に帰依したのであろう。だが、四、五世紀に生きた天親は、あえて阿弥陀仏を、十方世界のことごとくを照らす上でなんら妨げとなることのない光、と解釈した。光は仏教では智慧である。なにものにも妨げられない智慧。その智慧が全世界を貫いてやまない、というのが天親の阿弥陀仏についての理解であった。

だからこそ、手紙に、この光に遇うものは、「真理に暗く道理を知らないという煩悩を具えたままでも……悟りにいたる」ことができるのである。煩悩が妨げになるような智慧なのではない。その光明が人間を照らす、だから阿弥陀仏というのだ、と天親はのべている。

第三二通の追伸においても、「尽十方無碍光如来」についての説明がある。

3 「弥勒に等しい」

親鸞は、信心を得ると、つぎは浄土に生まれて仏になるのが定まるから、その境地を、従来の修行課程の言葉である「正定聚《しょうじょうじゅ》」に相当するとして、特別に評価する。したがって、浄土に生まれるという「往生」の理解も、死後、浄土に生まれるのではなく、信心を得たときただちに「往生」が成立するという。親鸞がこのように信心に特別の意味を見出すのは、信心が阿弥陀仏から与えられたものだからである。仏が与えた信心を得た者は、仏と同じ道を歩むことになる。それを、「正定聚」とよんだのだが、ここでは、それを弥勒菩薩と等しい、と表現している。凡夫である私が未来の仏である弥勒と同じとは不遜きわまりないと思われるかもしれないが、親鸞にとっては、つぎに仏となるのが定まっているという点では、弥勒も凡夫も等しいのである。ただ、凡夫は煩悩の巣窟である肉体をもっているから、現世では仏にはなれないだけなのである。だが、信心を得た心は仏に等しい。

親鸞が、このように、他力の信心を得ることは、「正定聚」となることであり、「弥勒と等しい」のだと、同朋たちに強調するのは、ひとえに、鎌倉幕府の念仏弾圧のなかで、念仏者が挫けないように、また、その念仏に自信をもつように、というすすめからであろう。

ただ、のちに信心の人は「如来と等しい」という表現も使われるようになり、「等しい」とか「同じ」という言葉をめぐって新たに議論が生じてくる。このあとの手紙に留意してほしい。

4　三つの願

第九通の終わりに、念仏者のなかには、浄土の郊外に生まれるものや、浄土の蓮のなかに生まれても、長時間（経典では五百年間という）閉じこめられたままに過ごす場合がある、という説明があり、ついで、それでも第十九願や第二十願があるから心配するな、と記している。このことはなにを意味しているのか。

それは、阿弥陀仏の本願を聞いて、浄土に生まれたいと願うのは共通だが、そのためにどのような方法を選ぶのか、その方法の違いによって、浄土への生まれ方も異なる、ということである。

つまり、わが名を称する者は必ず浄土へ迎えて仏にするという阿弥陀仏の第十八願を、文字通り信じて実践するものは、浄土の中心に生まれて、すぐさま仏になる。しかし、阿弥陀仏の誓願を信じ切ることができずに、種々の善行を積んで、その成果をもって浄土に生まれようとするものや、念仏が大事だということは了解しても、その念仏は自分の努力として称えるもので、阿弥陀仏の、わが名を称せよという呼びかけに応じて称するものではない場合、浄土に生まれるとしても、いわば郊外や、蓮のなかに長く閉じこめられることになる、というのだ。要は、「他力のなかの自力」に執着する立場への警鐘といってもよいだろう。

しかし、阿弥陀仏は、このような求道者のあることを事前に承知していて、彼らのために、第十九願や第二十願を用意している、という。親鸞は、念仏者は、はじめから第十八願の通りに念仏するわけではなく、むしろ最初は、自らの力を信じて功徳を積みその功徳をもって往生を願うことが多いから、頼みとする願も、はじめは第十九願が、さらに第二十願へ、そして最終的には第十八願を頼みとするようになる、と、念仏者の心理を三つの願に配当して説明している。専門家の間では「三願転入《さんがんてんにゅう》」とよばれる。

ちなみに、第十九願は、「もし私が仏になったとき、十方世界にいる人々が浄土に往生したいという心を起こして多くの功徳のある諸行を修行し、こころをこめて浄土に往生したいと願えば、その人の命終わろうとする時に、浄土の菩薩たちにとりかこまれて、行者の前にすがたを現して、浄土に迎えとるであろう。もしそれができなければ、私は仏にはなりません」である。また、第二十願はつぎのとおり。「もし私が仏になったとき、十方世界にいる人々が阿弥陀仏の名を聞いて、浄土のことを慕い、功徳を生む種々の行を修め、これらの功徳を心をこめて振り向けて、浄土に往生したいと願えば、必ずその目的を果たし遂げさせるであろう。それができなければ、私は仏にはなりません」。

第一〇通　善鸞に同調する人々（慈信房善鸞宛）　〔古三〇〕

九月二十七日の御手紙、詳しく読みました。それから、御志の銭、五貫文、十一月九日、頂戴しました。

それから、田舎の人々が、みな、多年念仏したことは無駄なことであったといって、あちらでもこちらでも、人々がいろいろに申すことこそ、何度考えても、気持ちの痛むことですが、耳に入ってきます。（この人々は）さまざまな書物を写してもっているのに、それをどのように読んでいるのでしょうか。本当に、様子がはっきり分かりません。

慈信坊が関東へ下り、自分が父・親鸞から聞いた教えこそがまことであり、今までの念仏はみな無意味なことだというので、大部の中太郎のところに集まる人々は、九十人とかききますが、みな慈信坊の同調者となって、中太郎入道を捨てたとか聞いています。どのようなわけで、そのようになっているのですか。

つまるところ、信心が定まっていなかったからだ、と聞いています。どのようなことで、それほどに多くの人々が動揺されたのでしょうか。気の毒なことと察します。また、このようなことが評判になると、デマも多くあることでしょう。また、親鸞も依怙《えこ》贔屓《ひいき》のある人だといっていると聞いていますので、力を尽くして、「唯信抄」、「後世物語」、「自力他力」の文の心、「二河白道」の譬喩などを書いて、あちこちへ、人々に送っても、みな、いつわりになったと聞こえてきます。（そうした評判につけても、慈信坊よ）どのように念仏の教えを説いておられるのですか。想像もできないことを耳にしますことこそ、気の毒に思います。十分に事情を通知してください。あなかしこ、あなかしこ。

十一月九日　　　　　　　　　　親鸞

慈信の御坊へ

真仏坊、性信坊、入信坊、これらの人々のこと、うけたまわりました。かえすがえす悲しく思いましたが、力およびません。また、（この三人以外の）別の人々が私と同じ心でないということも、力およばないことです。人々が同じ心でないとなると、かれこれと申すにおよびません。今は、他人のことを申すべきではありません。十分に注意して理解してください。

慈信の御坊へ　　　　親鸞

第一〇通　ノート

1　離反

善鸞からの報告によると、大部の中太郎のもとにいた九十人ばかりの同朋が善鸞に同調したという。また、親鸞から教えられてきた念仏の教えは間違いだったというものも少なくないらしい。加えて、今まで親鸞が書写して送った聖典類を放棄する人たちもいるらしい。

まだ善鸞を信じていた親鸞には、このようにはげしく動揺する同朋のことを聞くことは耐え難いことであったろう。長年信頼してきた真仏房、性信房、入信房でさえ、善鸞によれば、親鸞の信心とは異なるらしい。報告を受けた親鸞は、「かえずがえす悲しく思いましたが、力およびません」と書くしかなかった。そして、今となれば、人のことをとやかくいう段階ではなく、親鸞自身が今までどのように念仏を広めてきたのか、を省みざるをえなくなったのである。親鸞の落胆と悲痛が伝わる。

それにしても、冒頭に、銭五貫文が善鸞から送られてきているのも、複雑な思いをいだかざるをえない。善鸞は、父を裏切り、自身の思うように関東の同朋たちを組織することになっても、父である親鸞をその懇志で養おうとしていたのであろうか。

第一一通　他力のなかの他力（真仏房宛）　〔古一八〕

他力のなかにも自力というものがあるということ、かつて聞いたことがあります。他力のなかに他力があるということは聞いたことがありません。他力のなかの自力とは、「雑行雑修《ぞうぎょうざつしゅ》・定心念仏《じょうしんねんぶつ》・散心念仏《さんじんねんぶつ》」を実践する人々をさします。他力のなかにまた他力ということは、承ったことがありません。なにごとも専信房がしばらく滞在するということですから、そのとき申し上げるつもりです。あなかしこ、あなかしこ。
銭二十貫文、たしかにたしかに頂戴しました。あなかしこ、あなかしこ。

十一月二十五日　親鸞

真仏御房へお返事

第一一通　ノート

1　「自力」と「他力」という言葉は、法然の浄土宗において用いられて、今日にいたっている。「自力」は、法然から見たそれまでのすべての仏教の修行方法であり、自ら努力、精進して悟りを目指すことである。それに対して、法然は人間には自らの努力で仏になることは不可能だとして、それまでの仏教とはまったく異質の浄土仏教を発見し、それを「浄土宗」と名づけた。それによると、人間が仏になるためには、阿弥陀仏の誓いを信じてその名を称するという方法を採用することに尽きる。
阿弥陀仏は、わが名を称する者はいかなる人間でも必ず浄土に迎えて仏とする、という誓いをもっている仏なのである。つまり、仏になるために、阿弥陀仏の誓いを信じ、その誓いにあるように阿弥陀仏の名を称するのが浄土宗の立場であり、その阿弥陀仏の力を他力と称する。

他力のなかに自力があるとは、阿弥陀仏の誓願を全面的に信じるのではなく、そのほかの、それまでの仏教が教えてきた修行方法をも採用することをさす。手紙にある「雑行・雑修」などがそれに相当する。

他力によって仏になろうという人々には、阿弥陀仏の誓願を信じる以外に頼りとすることはないから、他力のなかに他力はない、ということになる。だが、それまでの親鸞は、しばしば、阿弥陀仏によって与えられた信心を、「他力のなかの他力」と表現している（本書、第二通）から、どうしてこの手紙でこれほど断定的に「他力のなかに他力はない」といっているのか、疑問は残る。やはり、関東における同朋たちの本願念仏をめぐる混乱と関係があるのであろう。

いずれにせよ、こうしたことに関心が寄せられたのは、浄土宗の教えを純粋に実践することが難しかったということを示しているといえよう。法然や親鸞は、簡単なはずの、阿弥陀仏の誓願を信じるということを難しくさせる、人間精神のあり方と向き合いつづけねばならなかったのである。

2 真仏と専信と顕智

関東での伝道生活のなかで、親鸞の周辺には勝れた門弟たちが育っている。真仏はその有力なひとり。現在の栃木県の高田を本拠とする、豪族の武士の出身で、高田一帯の念仏者のリーダーであった。彼は、親鸞よりも四年早く五〇歳で没したが、その門下からは、勝れた人材が輩出する。なかでも顕智は、親鸞によって高田に創建され、親鸞が関東を離れた後、真仏に付された専修寺を継ぎ、いわば親鸞亡き後の同朋たちのリーダーとして活動する。

この手紙に、親鸞のもとにしばらく滞在すると記された専信は、法名は専海。第一九通には、専信が京都近くに移住してきたことを知った親鸞が、よろこびをあらわしている一文もある。京都近くといっても、実際は、常陸から遠江へ移ってきただけだが、それでも親鸞からすれば、京都に近くなってうれしいということであった。

専信は、この時、親鸞のもとに長期滞在をしていたようで、親鸞の『教行信証』を書写している。それは高田本『教行信証』として三重県専修寺の所蔵となっているが、その奥書には、建長七年六月二十二日に書写を終えた、と記されている。専信は、さらに、この年の冬に、のちに「安城の御影」とよばれる、親鸞の肖像画を作成している（松野純孝『親鸞』三省堂、四三五頁)。ずいぶんと長い滞在であったといえる。

第一二通　円仏房の帰郷(真仏房)　〔古四三〕

あの円仏坊が、都から田舎へお帰りになります。(信心を求める)志が深かったために、主人などにも知られないようにして上京してこられたのです。配慮して主人などにもお話しになって下さい。

この十日の夜、火災にあいました。円仏坊はよく今の住まいをたずね当ててくれました。その志、尊いものです。きっと火事の様子はお話しになられるでしょう。よくよくお聞き下さい。なにごとも、なにごとも、多忙で詳しくは申しません。あなかしこ、あなかしこ。

十二月十五日　(親鸞の花押)

真仏御房へ

第一二通　ノート

1　心温まるエピソード

円仏坊がどういう人物か分からない。ただ、親鸞の門弟たちの一覧表では、真仏の弟子である信願の弟子に円仏という名が記載されている。その人物なのかどうか。彼は、手紙にもあるように、雇い主にも無断で上京して親鸞に会ったようだ。前の手紙にもあったように、親鸞は往生についての疑問を質すためならば、ついでといわず、そのことだけを目的にたずねてくるように、とのべていたから、円仏はその言葉にしたがって、上京したのであろうか。円仏の覚悟と、それを受けとめる親鸞の慈愛とが交錯する、心温まるエピソードではないか。この時期、関東の同朋たちが、幕府の弾圧と善鸞の策謀によってはげしく動揺していただけに、円仏のひたむきさが親鸞にとってどれほどうれしかったことであろうか。文面にも、彼が帰郷するに際して、雇い主への十分な取りはからいを頼んでいる。

2　火事

手紙では、親鸞は円仏坊に会う直前に火災にあったようだ。この火災については、親鸞の妻、恵信尼の書状と合わせて見ると、建長七（一二五五）年のことと推測される。

それまで親鸞は京都の五条西洞院に寓居を構えていたが、この火災によって弟の尋有の住まいであった善法坊に移る。親鸞八十三歳の十二月であった。

手紙には、焼け出されて住所も分からない親鸞を円仏がよくたずねてきてくれたとよろこんでいる。

火災にあった親鸞を世話したのは、夫に死別して親鸞のもとにあった末娘・覚信尼だけであった。それ以外の子供たちも、妻も、妻の郷里である越後に帰っていた。

第一三通　一声の念仏（教忍房宛）　〔古二七〕

護念坊の上京の便で、教忍御坊から銭二百文、御心ざしのもの、頂戴しました。さきに、念仏のすすめのもの、みなさんからということで、たしかに戴きました。人々に、喜んでいること、お伝え下さい。この返信の趣旨の通りに人々に御礼を申してくださいますように。

さて、この度おたずねになっていますこと、まことによい御疑問どもであります。

まず、「一念」（一声の念仏）で、往生のための行為としては十分だということは、まことに、その通りでありましょう。だからといって、「一念」のほかに念仏を申してはならない、ということではありません。その事情は、『唯信抄』に詳細にのべられています。十分に注意してご覧になって下さい。「一念」以上に称えられた念仏は、十方の衆生に差し回すべきだ、というのも、当然のことでありましょう。十方の衆生に差し回すからといって、「二念、三念」するのは、悪いことだとお考えになるのであれば、それは間違ったことです。

念仏によって往生するのが阿弥陀仏の誓いなのですから、念仏を多く申すも、一回、念仏するのも、同じように浄土に生まれるのだ、とこそ承っています。「一念」だけでかならず往生するのだ、といって、多く念仏するのは往生できないということ、絶対にあってはならないことなのです。『唯信抄』を十分にお読みになって下さい。

また、（念仏するのに仏のすがたを心に思いうかべる）「有念《うねん》」や、なにも思い浮かべる必要がないという「無念」ということは、他力の教えにはないことです。（それは）「聖道門」（今までの仏教）で申すことなのです。みな、自力、聖道の教えです。阿弥陀仏の「選択本願」にもとづく念仏は、「有念」の意味でもありませんし、「無念」の意味でもないと申しています。どのような人が申しましても、けっして受け容れてはなりません。旧来の仏教が説いていることをまちがって聞き、浄土宗にあてはめているのでしょう。けっして、けっして採用なさいませんように。

また、「慶喜」（よろこぶ）ということは、他力の信心を得て、浄土に生まれることが定まった、と喜ぶ心をいうのです。

常陸の国の、念仏者のなかに、「有念無念」の念仏をめぐる議論があるのは、間違ったことだ、と申しました。つまるところは、他力の様は、行者の工夫によるものではないので、「有念」でも「無念」でもないのだ、ということを、まちがって聞いて、「有念無念」などと申しているのだと思います。阿弥陀仏が選びとられた本願は、行者の工夫ではないのですから、ひとえに他力というのであります。一回の念仏でよいのだ、とか多くの念仏が善いのだ、などと申すことも、けっしてあってはならないことなのです。

なんとしても、「一念」のほかにさらに称える御念仏を、世界中の衆生に差し回すということは、釈迦・阿弥陀仏のご恩に報いようとして、十方衆生に差し回されることであれば理由のあることではありますが、だからといって念仏を二回、三回称えて、往生する人をまちがっていると申してはなりません。くれぐれもよく『唯信抄』をご覧になってください。「念仏往生」の御誓いですから、「一念十念」も、往生はまちがいにあらず、とお思いになるべきです。あなかしこ、あなかしこ。

十二月二十六日　　　　　　　　　　　　　　　　　　　　　　　　親　鸞

教忍御坊のお返事

第一三通　ノート

1「一念」のこと

手紙のはじめに出てくる護念坊はどういう人か分からない。手紙の宛先である教忍坊は、親鸞の門弟名簿には、顕智の門人と記されている。手紙の内容は第六通と共通する。ただ、手紙の内容から、教念坊という人物が、往生のためには「一念」(一声の念仏)で十分だという「一念義」とよばれていた立場に近い人物であることが分かる。理屈からいえば、たしかに、一声の念仏によって往生は定まるといってよいだろう。問題は、だからといって、その後の念仏が無益だとか、極端になると、何度も念仏しなければならないようでは浄土に生まれることはできないという考えは、間違いだ、と親鸞は諭している。

しかし、ほかの手紙から見ると、後に出てくる慶信や有阿弥陀仏のように、「一念」を重視する門弟も少なくない。こうした傾向について、松野純孝は、親鸞自身が「一念」的考えをもっており、さらに、関東で親鸞の教えを聞いた人々が、「一念」的な教えに感激したがゆえに、関東では「一念」的理解が広まったのではないか、と推測している（『親鸞』、四四九頁）。

もちろん、親鸞自身は「一念」も「多念」もまちがいであり、「念仏往生」が法然の教えであると強調している。この手紙のなかでも、「一念」後の、何回も繰りかえされる念仏は世界中の衆生のために差し回すことだ、と理解するのは正しいが、それが往生を妨げると理解することは間違いだ、と注意している。それにしても、念仏を世界の衆生のために差し向けるという積極性に注目している点は見過ごしてはならないだろう。また、親鸞もそうした積極性を否定はしていない。原文でいうと、「一念のほかにあまるところの御念仏を……十方衆生に回向せられ候らんは、さるべく候へども、二念三念まふして往生せん人を僻事《ひがごと》とは候べからず」、と。「一念」的であることが「多念」的であるよりはかえって、念仏の社会性を開いている、といえよう。

第一四通　誓願は行でもなく善でもない（宛先不明）　〔古二四〕

「宝号経」という経典に、阿弥陀仏の本願は私たちが励む行ではない、また私たちの行う善でもない、ただ、阿弥陀仏の名前を長く保ち続けるものだ、とあります。名号は、人間の思惟を超えた絶対の善ですし、絶対の行です。ここでいう行とは善を行うという言葉です。阿弥陀仏の本願は、もとより阿弥陀仏の御約束だと心得るならば、（人間の）善でもなく、（人間の）行でもありません。それゆえに他力と申すのです。本願の名号は私たちを浄土に生まれさせるための原因です。たとえば父のごときものです。大悲の光明は私たちを浄土に生まれさせるための縁です。それはたとえば母に相当します。

第一四通　ノート

1　「名号は因なり」

第一四通は短文だが、阿弥陀仏の誓願、とくに名号（阿弥陀仏の名）の役割、特質をよく説明している。というのは、阿弥陀仏の本願は人間との約束なのであり、人間が考えている善とか修行とかではない、と明言しているからだ。阿弥陀仏の名は、それを称すれば浄土に生まれるのであるから、別の言葉でいえば、念仏する人間をして往生させる「因」そのものなのである。凡夫はこの「因」を手にして、それに阿弥陀仏の慈悲という「縁」がはたらくことによって「称名」という行為が生まれる。名号はその意味では徹底して「因」（原因）なのである。「因」がなければ、称名という行為は生まれない。

別の一書には、この文に続いて、「しかればすなはち、徳号の慈父、光明の悲母、これを能所の因縁となづく」とある（日本古典文学大系82、一五一頁、頭注一二）。「能・所」とはむつかしい言葉だが、念仏をしようとする人間にはたらく、主体的要素と客観的条件、ということであろう。それを右の文章は、「父・母」にたとえている。

〔古三二〕

第一五通　領家・地頭・名主（真浄房宛）

それからまた、念仏が理由になって、住みにくくなっておられると聞いています。本当に、お気の毒です。つまるところ、その場所にお住みになっている縁が尽きたのでしょうか。念仏を妨げられるなどということに、いずれにせよ、お嘆きになられることはありません。

念仏を禁止しようとする人こそ、どんなになることでしょうか。（それに比べれば）念仏する人にはなんの差し障りがありましょうや。

念仏者以外の人（とくに領家・地頭・名主）を縁として、念仏を広めようと互いに思案・工夫されることは、けっしてあってはなりません。その場所に念仏が広まることも、仏が御はからいなさっていることです。

慈信坊がさまざまに申すことによって、人々も、御心がさまざまにおなりになった由、うけたまわりました。本当に気持ちの痛むことです。ともかくも、仏の御はからいにおまかせすべきことです。

その場所に住む縁が尽きたということでしたら、いずれの場所へでも移住なさいますように、工夫なさってください。慈信坊が申しましたことを信頼しておられるようですが、私からは、念仏者以外の人（領家・地頭・名主）を強力な頼りとして念仏を広めよ、とはけっして申したことはありません。大変まちがったことであります。

この世によくあることですが、念仏を妨げようとすることは、かねて仏が説き聞かせておられることですから、驚かれることはありません。慈信坊がさまざまに申すことを、私から申していることだと理解されることは、絶対にありませんように。教えのことも、思いもよらないふうに申しております。御耳にお聞きいれになりませんように。ひどくまちがったことどもが伝わってきます。いたましいことです。

入信坊なども、気の毒に思います。鎌倉に長逗留をしているのでしょうか。目下、差し支えることがあって（訴訟がこじれて）、そのような長逗留になっているのでしょうか。力及ばぬことです。

奥郡の人々が、慈信坊にだまされて、信心もみな互いに動揺しておられること、本当に、しみじみと悲しく思われます。私も人々をだましたように聞こえてくること、本当に、なさけなく思われます。それも、日ごろ、人々の信心の定まっていなかったことがあらわれて聞こえてきたのです。本当に、気の毒なことです。慈信坊がいうことによって、人々の日ごろの信心が互いにぐらついているのも、所詮、人々の信心が真実ではなかったことのあらわれです。よいことではありませんか。そのこと（慈信坊のいっていること）を、人々は私から申しているかのように、互いに思われていますことこそ、嘆かわしいことです。

日ごろ、さまざまの書物を、互いに、書いて所持しておられる甲斐もなく思います。『唯信抄』やさまざまな書物どもも、今は、無益になったと思われます。念には念を入れて書写して所持された教えは、みな、無益となってしまいました。みなさん、慈信坊のいうことにしたがって、素晴らしい書物どもは、互いに捨ててしまわれたと伝わってきますが、それこそ、仕方なく、悲しく思います。十分に注意して『唯信抄』や『後世《ごせ》物語《ものがたり》』などをご覧になって下さい。年来、信心があると、互いに仰せになっておられた方々は、すべてはいつわりであった、と聞こえてきます。がっかりで、情けなく思います。なにごともなにごとも、またまた、申すでありましょう。

正月九日　　　　　　　　　　　　　　　　親　鸞

真浄御坊へ

第一五通　ノート

1「住みにくくなる」(「ところせきやうに」)

この手紙の書き出しは、念仏者が周囲の圧迫によって住みにくくなって困っている、とある。原文でいうと「念仏のあひだのことによりて、ところせきやうにうけたまはりさふらふ」だが、「ところせき」とは「所狭し」で「窮屈だ、住みにくい」という意味である。具体的に、どのように住みにくくなっていたのであろうか。傍証でしかないが、既存の寺院僧侶や山伏、陰陽師などが、ときに武装して、念仏者が住んでいる村へ押し掛けて、念仏者の堂舎を破壊し、阿弥陀仏の絵像や木像を悪魔の形像だとして踏みにじり、念仏者の用いている聖教類に唾を吐き破り捨てる、また、二度と念仏をしないように起請文を書かせたり、念仏者を追放すべしという綸旨《りんじ》があるといって脅迫をし、場合によっては刃傷沙汰に及んだり、打ち据えて恥辱を与え、入牢させたりした、という(「破邪顕正抄」『真宗聖教全書』三、一五八頁、一七四頁)。

体制側は暴力をもって念仏者の暮らしを妨害していたのである。これでは「ところせきやう」になるのは当然であろう。

2 「縁がつきる」

念仏への弾圧が強まったとき、念仏者はどうすればよいのか。親鸞のすすめは、今住んでいるところを離れて、念仏が弾圧されない場所へ移住せよ、ということであった。このアドバイスは、現代から見れば、ずいぶんと奇妙に映るかもしれない。しかし、中世では、現代人が思っているよりも、移住の自由があったようだ。

問題は、後の時代のように、移住の自由が奪われたり、移住に値する場所がなくなってくるとき、弾圧に対してどのように対処したらよいのか、ということだ。このとき、はじめて、宗教的弾圧への抵抗が本格化するといってよい。日本史が示しているところでは、近世以後、移住の自由を奪われた時代は、すでに宗教的精神そのものも衰弱していた。宗教も一部を除いて、権力との共存を全面的に主張するようになる。教団は生きのびるために、どのような妥協も恥じなくなる。そういう意味では、中世の念仏者が弾圧に抗して移住の道を選んだことは爽やかにさえ映る。

3　権力者（「余の人」）にたよるな

親鸞は、念仏を広めるために、権力者の手を借りることは絶対にあってはならないと忠告している。とくに、領家や地頭、名主の力を借りようとする善鸞の布教の方法については厳しく批判している。

なぜ権力者の力を借りてはならないのか。いうまでもなく、彼らの関心は現在の秩序を護ることに尽きる。その彼らには、念仏者たちが同朋として、行政区画を超えて連帯をするようになることは、秩序を破る行為に等しかった。また、なによりも同朋の思想は、現実の種々の身分差別を否定する。一言でいえば、念仏にもとづく平等社会への志向が権力者とは本質的に相容れなかったのであろう。

親鸞は、権力者の本質を、中世に相応しく、あるいは仏教徒らしく、仏教が説く真理に暗い人と見ている。すでに出てきた「名無眼人《みようむげんにん》」、「名無耳人《みようむににん》」というい方である。あるいは、善導の、念仏が広まるときには必ず弾圧する人間が出てくる、という予言にしたがった。

権力者は、支配を維持するために差別や弾圧、排除を繰りかえす。そうした行為を悔いて、宗教的真理にしたがうようになることは、きわめてまれだ。それは歴史が示しているところではないか。差別を肯定する精神と念仏に生きる精神とは、本質的に相容れないというべきか。

4 「慈信坊にすかされて」

この手紙の内容から、親鸞ははじめて関東の同朋の動揺が、慈信坊・善鸞によるものであることを知ったことが分かる。善鸞が権力者と手を握っていることも、善鸞が「奥郡」の人々をだましていることも知ったのであろう。

それは天地がひっくり返るような驚きであったろうが、親鸞にとってなによりも、善鸞の説教によって、今まで親鸞が説いてきた信心がひとたまりもなく動揺し、崩壊したという事実に遭遇したことがショックであったにちがいない。ひどい失望の状態にあることが手紙からうかがわれる。

だが、親鸞はやがてこの絶望状態から脱して、自らの信心を問い直し、現実の暮らしのなかで、念仏がまぎれもなく暮らしの立脚点となる道筋を明らかにしてゆく。こうした道筋がのちの手紙のなかで次第に明らかになってゆく点に注意をしてほしい。

手紙の宛先の真浄坊のことはよく分からない。

第一六通　義なきを義とす（慶西房宛）　〔古三四〕

（法蔵菩薩が第十七番目の誓いとして、「私が仏となったとき、諸仏が私の名前を誉め称えなければ仏にはならない」と約束した）「諸仏称名の願」といい、「諸仏咨《し》嗟《しゃ》の願」（「咨」も「嗟」も感嘆するという意味）というのは、すべての衆生を仏としたいという阿弥陀仏の願いに導き入れるため（の誓願）、と理解されます。また、すべての衆生の疑いの心をなくすため（の誓願）、と了解されます。『阿弥陀経』に説かれている、十方の諸仏が阿弥陀仏の願いの真実を証明しておられるのと同じことなのです。つまるところは、衆生を導くための、手段としての御誓願、と信じ申しています。「念仏往生の願」(第十八願)は、阿弥陀仏が、衆生を浄土に生まれさせるためのもっとも相応しい行為であり、もっとも相応しい原因となることだと思われます。本願をそのとおりに信じている人は、つぎの世ではかならず仏になると決まっている弥勒菩薩と等しい存在なのですから、仏と等しい存在として、諸仏も称讃しておられるのだ、と知られているのです。

また、阿弥陀仏の本願を信じ切りました上は、(念仏するに際しては)「義なきを義とす」ということこそが、法然聖人の仰せなのです。自らの工夫や判断に頼ろうとするかぎり、他力ではなく、自力を頼んでいるということになります。

また、他力といいますのは、阿弥陀仏の智慧の不思議なはたらきのことです。(したがって)機会を得て、煩悩から解放されることのない凡夫が(浄土に生まれて)最高の悟りを得るようになることは、仏と仏との御はからいであって、念仏者の工夫によるものではないのです。ですから、「義なきを義とす」と申すのです。「義」とは自力の人の工夫、はからいをさします。他力には、ですから、「義なきを義とす」ということになります。

この人々の仰せの理由は、私にはまったく分からないことですから、とやかく申し上げることではありません。

また、(阿弥陀仏が「来迎」されるというときの)「来」という字は、衆生に恵みをもたらすために、「きたる」というので、「方便」(手段)の意味です。(私たちが浄土に生まれて)「悟り」をひらいたのちは、(この世に人々の救済のために戻ってくるので、「来」を)「かえる」(帰る)といいます。(「来」という文字は)時にしたがって、「きたる」とも「かえる」ともいう、と了解されます。なにごとも、なにごとも、つぎに申し上げるつもりです。

二月二十五日　親鸞

慶西御坊へ　御返事

第一六通　ノート

1　来迎

手紙の終わりの方で、「来迎」の解説がなされている。詳細は、「唯信抄文意」にものべられている。「文意」では、凡夫を浄土に来たらしめるという阿弥陀仏のはたらきから、「来」を「きたらしむ」とよみ、凡夫が悟りの世界にはいることを、本来の世界に戻ることだから「かえる」とよむ、とある。また、仏になった後、衆生済度のために慈悲を実践する活動を「来」という文字であらわす、とのべている。浄土へ生まれることと、浄土から戻って慈悲を実践することが、ともに阿弥陀仏のはたらきであることを強調しているのであろう。

なお、この手紙の宛名にある慶西坊という人物は親鸞の門弟名簿では、親鸞の直弟子とされているが、詳細は分からない。

第一七通　誓願と名号（教名房宛）　〔古九〕

お手紙、詳しく拝見しました。それからまた、この御疑念、もっともだとは思われません。そのわけは、「誓願と名号」と申して、別々のことではないからです。誓願を離れた名号もありません。名号を離れた誓願もないのです。このように申すこともはからいです。ひたすら、誓願をわれわれの思慮を超えた不思議と信じて、また名号を同じく不思議とひとたび信じて称えた上は、どうして自分の工夫や考えを頼りとする必要がありましょうか。（あなたは、人の話を聞いて）内容を判別したり、（書物を読んで）はっきりと区別理解するなど、うるさくおっしゃっています。そうしたことはみな、間違ったことなのです。

ただ、（阿弥陀仏の誓願を）不思議と信じ切った上は、あれやこれやとご自分の考えをめぐらしてはなりません。浄土に生まれるための行為という点では、自身の考えは無効なのです。あなかしこ、あなかしこ。

ひたすら、阿弥陀仏におまかせなさってくださいますように。あなかしこ、あなかしこ。

五月五日　　　　親鸞

教名御房へ

この手紙をもって、人々にもお見せになられますように。他力（を信じる）ということには、人間のはからいを加えない、ということが道理となるのです。

第一七通　ノート

この消息について、多屋頼俊は、「言葉遣も荒く、叱りつけているように感ぜられる。思うに、当時、誓願不思議と名号不思議の同異が問題になり、度々同じような質問を受けたためであろうか」と記している（日本古典文学大系82、一二八頁、頭注九9）。私も同じ印象をもつ。誓願と名号の同異については、『歎異抄』第十一章で論じられている（念仏の根拠である第十八願を、誓願と名号〔念仏〕に分けること。誓願不思議は阿弥陀仏の思いはかれないはたらき、名号不思議は念仏がもっている不思議なはたらきのこと）。なお、ここでも、「他力には義なきを義とす」という法然の教えが最後に記されている。

第一八通　人間の分別を超えた不思議（浄信房宛）　〔古一〇〕

阿弥陀仏の智慧は、人間の分別を超えた不思議と信じなければならないこと（この標題をもたないテキストもある）。

お手紙、詳しく拝見しました。それからまた、教えについてのお疑いに関して、一度信心が生まれたとき、なにものにも碍《さえぎ》られることのない、阿弥陀仏の智慧の光におさめとられて、護られるので、つねに、浄土に生まれる原因が決定したことになる、とおっしゃっておられることは、立派なことです。しかし、このように立派におっしゃっていること自体、ご自分の考えにとらわれているように、私には思われます。ひたすら、不思議とお信じになられる以上は、面倒な考えをめぐらすことは無用といわねばなりません。

また、ある人が、世俗の世界を脱出して仏の世界を願う志が強ければ、浄土に生まれる原因となる信心と称名は軽んじてもよいといっているのは、理解できません。世俗の世界から逃れたいと思うことも、浄土に生まれる原因となる行を実践することも、みな一つのことで異なることではありません。こうした議論のすべては、なまなかな、自分だけのお考えだと思います。阿弥陀仏の不思議だとお信じになられるのであれば、格別に、煩わしく、いろいろとご自分でお考えになるべきではありません。人々が、いろいろと申していることを、すぐさま、お疑いにならないように。阿弥陀仏の誓願に、ひたすらおまかせになられますように。いろいろと、自分の考えをめぐらしてはならないのです。あなかしこ、あなかしこ。

五月五日　　　　　　　　　　　　　親　鸞（在判）

浄信の御房へ

他力と申しますのは、いろいろとはからうことがないことをいうのです。

第一八通　ノート

1　「めでたくはおほせ候へども」

人の議論を聞いていると、筋道を立てて、立派に論旨を運べば運ぶほど、嘘っぽく感じられることがあるものだ。第一八通はまさしくこうした手合いの質問に、なんとか親切に応じようとする親鸞のぎりぎりの姿が見て取れる。

原文の「めでたく」とは立派に、ということ。「かくめでたくはおほせ候へども、これみなわたくしの御はからひになりぬとおぼえ候。たゞ不思議と信ぜさせ給候ぬるうへは、わづらはしきはからひはあるべからず候」、とあるが、「立派におっしゃっているけれども」、と「けれども」といわれるところに、手紙を送ってきた人物の問題があるのであろう。

ここでも、追伸として、ほかの同朋にもこの手紙を見せるように、とおそらくは同じ疑問をもっている人々が少なくないことを見越した要望が添えられており、さらに、第一六通と同じように、「他力には義なきを義とす」という教えが記されている。

2　「じやうしんの御ばうへ」

この手紙の宛先は、「浄信」と記したが、ほかのテキストでは「じやうしん」、あるいは「しやうしん」と平仮名になっている。これでは、浄信、乗信、承信か、あるいは性信か分からない。多屋頼俊は乗専筆の「末灯抄」の標記にしたがって「浄信」とするとのべている（日本古典文学大系82、一三〇頁、頭注八）。

第一九通　信と行（覚信房）〔古一二〕

四月七日のお手紙、五月二十六日に、たしかに、たしかに拝見しました。それからまた仰せになっていることですが、「信の一念」（ひとたび信心が起こる時の心）と「行の一念」（ひとたび口に念仏を称える時の心）は、二つではありますが、信を離れた行もないし、(念仏という)行を実践しようと思い立つ心を離れた「信の一念」というものもないのです。そのわけは、「行」というのは、本願にもとづく名号を一声称えて往生する、ということを聞いて、一声でも称え、もしくは、十回も念仏するのが「行」です。この(阿弥陀仏の)誓いを聞いて、疑う心がつゆほどもないのを「信の一念」というのです。(したがって)「信」と「行」と、二つだと聞いても、「行」である念仏を一声称えれば往生できると聞いて疑わなければ、(そのことを)「行」を離れた「信」はない、ということだと聞いています。また、「信」を離れた「行」はないとお考え下さい。こうしたことはみな、阿弥陀仏の御誓いによる、ということを理解してください。「行」と「信」とは、(阿弥陀仏の)御誓いをいうのです。あなかしこ、あなかしこ。

寿命がおありでしたら、かならず、かならず上京してくださいますように。

五月二十八日　　　　　　　　　　　　　　　　　　(親鸞の花押)

覚信御房へ　御返事

専信坊、京都に近くお住まいになられたことこそ、頼もしく思います。

また、御志の銭、三百文、たしかに、たしかに、ありがたく頂戴しました。

(建長八歳丙辰五月二十八日　親鸞聖人御返事)

第一九通　ノート

1　「信」と「行」

阿弥陀仏の第十八願は、信心と行（念仏）の実践という二つを、往生の条件としている。それらは、別々のことではなく、念仏という行を信じるということだ。しかし、理屈によって第十八願を理解しようとすると、信心さえあれば、念仏の実践は無視してもよいという誤りや、念仏という行さえ実践していれば往生には十分であり、信心をことさらに強調しなくてもよいという誤りが生まれやすい。親鸞は、この手紙でも繰りかえしてそのことを教えている。

2　覚信坊のこと

親鸞は覚信坊に対してことのほか深い親愛の情をいだいていたようだ。それは、覚信の信心が揺るぎないものであったからだろう。八十四歳の親鸞は、わが寿命も考慮してか、覚信坊が元気ならば、是非とも上京してくるように、と要請している。

この要請に促されて、覚信坊は、上京し、親鸞のもとで命終えた。詳しいことは、第三二通に添えられた、蓮位（親鸞の侍者）が代筆した手紙に出ているので見てほしい。

また、さきにもふれた専信坊が、常陸から遠江へ移住したことを、「京ちかくなられて候こそ、たのもしうおぼえ候へ」と記している。遠江（現在の静岡県西部）と京都はけっして近くはないが、それでもそれを近いと感じるのは、親鸞にとって心を一つにできる人物がけっして多くはなかったということでもあろう。

親鸞は、善鸞の関東入り以来動揺を続ける同朋に心痛める一方で、覚信や専信のような、信心の揺るがぬ同朋が存在することを確認して大きな慰めを得ていたのであろうか。

第二〇通　慈信房善鸞の義絶一（慈信房善鸞宛）　〔古四一〕

仰せになったこと、くわしく聞きました。なによりも、哀愍房《あいみんぼう》とかいう人が、私からの手紙を入手したとかいっていること、まことに不思議に思います。今までに一度も姿を見たこともなく、手紙を一度ももらったことがありません。私からその人に申すべきこともないのに、私から手紙を得たといっているのは、あきれたことです。

また、慈信房が教えている内容は、教義の上でもその名を聞いたこともなく、知らないことです。それを慈信一人に、夜中（ひそかに）、親鸞が教えたのだと、慈信房が人々にいいふらしたために、親鸞に対しても、常陸や下野の人々はみな、親鸞が嘘をついた、と言いあっておられるので、今となれば、父と子の関係を断ちます。

また、母の尼に対しても、考えられないような嘘をいいふらしたこと、言葉もありません。もってのほかのことです。壬生《みぶ》の女房が私の所へ来て、慈信房からもらった手紙だと申して持参しました。（その手紙は）私のもとに置いてあります。ここにあります。その手紙には、まったく手を触れていないので（詳しくは分からないが）、継母に言い惑わされたと書かれているのは、とりわけ情けない嘘です。そのときは（慈信と母が）一緒に暮らしていたにもかかわらず、「継母」の尼が言い惑わしたのだ、というのは、驚きあきれる嘘です。

また、ここに置いてある銭はどうしてここにあるのか私にはわからないのに、壬生の女房宛の手紙に記されているのは、どのように考えても理解できない嘘で、情けないことだと嘆いています。まことに、このような嘘どもを言って、六波羅の探題あたり、また鎌倉幕府などに申告したことは、悲しいことです。

これらの嘘は、俗世にかかわることですからどうでもいいことです。それでも、嘘を言うことは不快なことです。ましてや、極楽へ往生するという大切なことを言い惑わして、常陸や下野の念仏者を迷わせ、親にも嘘を言いつけたことは、悲しいことです。第十八願を、萎んだ花にたとえて、人ごとに捨てさせたと聞こえてくること、まことに仏法を誇る咎であり、また五逆の罪を好んで犯し、人を損ない惑わされたこと、悲しいことです。ことに、信心の仲間の和を破ることは、五逆の罪の一つです。親鸞に嘘を言いつけたことは、父を殺すことです。五逆のなかの一つです。

このようなことどもを伝え聞くことは、嘆かわしいこと、言葉もありませんので、今は、親ということはありませんし、子と思うこと、思い切ってしまいました。(このことを)仏・法・僧の三宝と仏法擁護の神々に、はっきりと申し切りました。悲しいことです。

慈信の教えに似ていないからといって、常陸の念仏者を、みな、惑わそうとのぞんでおられると聞くにつけても、悲しく思います。親鸞の教えによって、常陸の念仏申す人々を損なえと慈信房に告げたと、鎌倉幕府にまで聞こえていること、嘆かわしく、嘆かわしく。

五月二十九日　　　　　　　　　　　　　　（在判）

同六月二十七日到来

建長八年六月二十七日註之

慈信房へ　御返事

嘉元三年七月二十七日書写了

第二〇通　ノート

第二〇通と第二一通は、末尾の月日が示しているように、同日に記された。一二五六（建長八）年五月二十九日である。内容はいずれも息子の慈信房善鸞の義絶（親子の縁を切る）に関してである。そのことを、善鸞本人（第二〇通）と関東の同朋たちの代表格である性信房（第二一通）に宛てて記されている。

1　善鸞義絶の理由

親鸞が息子の善鸞との親子の縁を切るとまで記した理由はどこにあるのか。それは、善鸞が、本願念仏の本質を誤って伝えようとしたことにあるであろう。善鸞がいろいろの嘘をついていることも、それが世俗のことであるかぎり、親鸞はまだ許した。しかし、「第十八願を萎んだ花」に譬えるとか、教えを夜中にひそかに善鸞唯一人に伝授したとか、関東の念仏者たちを誹謗した、ということは、明らかに法然によって伝えられた仏教を歪曲・誹謗・否定している。このような歪曲・誹謗・否定は、真実の教えのために生涯をかけてきた親鸞にとって、耐え難いことであった。

義絶の理由として、研究者はいろいろ列挙している。それらは、当時の史料を使用した上での推理だが、手紙の文面に即するかぎり、法然によって開示された本願念仏の真実が否定された、という一点が最大の理由ではないだろうか。

ただし、平松令三によると、テキストの「世」を原文通りに「せ」に戻すと、「世に」は「せに」となり、「銭」の意味となる。すると、義絶には金銭が絡んでいたこともうかがわれる。そうなると、そもそも、善鸞の関東下向の目的は、はたして従来通りに「父・親鸞の名代」ということでよいのかどうかということにもなる。平松は、善鸞の関東下向の目的は、親鸞筆の「名号」を搬入するためではなかったか、と推測している（平松令三「善鸞義絶事件の根本的再検討」『親鸞の生涯と思想』吉川弘文館、二〇〇五年、所収）。そうすると、第一〇通にある「五貫文」、第一一通「廿貫文」という大金も、その代金と見ることもできそうだ。

2　義絶状偽作説

第二〇通は顕智の筆写になるもので専修寺に伝えられてきた。親鸞の真筆は存在しない。「同六月二十七日到来」と「建長八年六月二十七日註之」は、この手紙を受けとった人物（慈信房善鸞であろう）が備忘のために書き付けたものといわれている。また、文末には「嘉元三年七月二十七日書写了」という年月日が入っているが、この書き入れは、顕智が書写した年月日である。嘉元三（一三〇五）年は建長八（一二五六）年から数えて四十九年後にあたる（日本古典文学大系82、一八四頁、頭注一八）。

この手紙は、一九二一（大正十）年に専修寺に伝わっていることが明らかになった。その後、顕智の書写が親鸞の死後年月が経ちすぎていることや、文体も前半は「候文」であるが後半は「なり」を使用するなど異なること、義絶に関して二度も言及していること等から、研究者の一部に偽作説がとなえられてきた。

しかし、多屋頼俊が『日本古典文学大系82』の「補注」のなかで解説しているように、善鸞の義絶そのものを否定することはできないし、偽作説そのものも成立しがたい（二五九頁）。平松令三も「善鸞義絶事件の根本的検討」のなかで、偽作説を全面的に論破している。私も同意する。

3　哀愍房、壬生の女房

善鸞義絶の手紙に登場する「哀愍房」、「壬生の女房」もどういう人物かよく分からないようだ。「哀愍房」は、第二一通の終わりにも言及されているが、親鸞からの手紙を所有していると人々に吹聴しているらしいし、第二一通によれば、「唯信抄」という著書もあらわしている。その言動には、同朋たちをわが支配下に置こうとする魂胆が見え隠れする。善鸞の問題がなくとも、こうした輩が絶えなかったのかもしれない。つぎにもう一度考えてみたい。

壬生の女房も多屋頼俊によれば、この手紙にしか登場しない人物らしい。壬生は地名で、遠江にもあるから、第八通に出てくる「遠江の尼御前」のことかもしれないという(日本古典文学大系82、一八三頁、頭注一四)。平松令三は京都の「壬生」という地名ではないか、という。ただ、壬生の女房から、善鸞が「継母」にだまされたといっていると聞いたことと金銭問題の露見が、善鸞に対するそれまでの不審を一挙に義絶へまですすめる契機になっているように思われるから、親鸞にとっては信用のおける、大事な人物であったのであろう。

4 「継母」

手紙のなかに「継母にいい惑わされた」とあるが、この文面から、善鸞は恵信尼の実子ではなかったのではないか、という推測がなされたりもしている。恵信尼の残した書簡を除いて、親鸞の結婚に関する直接の史料がないから、すべては間接的な推測の域を出ない。少なくとも恵信尼が妻であったことは間違いないが、のちの書簡にも出てくる「即生房」という人物は、どうやら恵信尼の実子ではなさそうだ。となると、この「継母」は大いに問題となるが、現在の研究では、多屋頼俊も指摘しているとおり、善鸞は親鸞と恵信尼の間に生まれた子であり、「継母」は善鸞の虚言と見るのが妥当なようだ。実の母を「継母」とまで言いふらすことによって、善鸞はなにを手に入れようとしていたのであろうか。善鸞が沈み込んだ闇の深さが思われる。

5　悲劇の影響

八十四歳になってわが子を義絶しなければならなかった親鸞の心は、いかばかりであったろうか。しかし、親鸞は、この悲しみを内省への深まりに転化し、さらにあらたな著述に励むことになる。『正像末和讃《しようぞうまつわさん》』や「唯信抄文意」、「一念多念文意」などである。また、法然の遺文集である『西方指南抄』の校合を完成し、法然の「三部経大意」や和字の「選択本願念仏集」などの書写に励む。

詳細は別にゆずるが、この悲劇を契機として、親鸞の思索はまだ展開するのであり、最後の光芒を放つことになる。その意味では、義絶は個人的には深い悲しみをもたらしたが、本願念仏思想の発展の上からは、貴重な深まりをもたらすことになった。

第二一通　慈信房善鸞の義絶二（性信房宛）　〔古三五〕

最近のお手紙のありさま、詳しく拝見しました。それからまた、慈信の仏法の説き方のために、常陸・下野の人々のみなさんが、念仏を申されることについて、年来、お聞きしてきましたありさまとは、すっかりお変わりになっている、と耳に入ってきます。まことに、情けなく、嘆かわしく思います。

年来、浄土に生まれることは定まったといっておられた人々は、慈信と同じように、みな嘘をいっておられたのです。それを、私はずっと深く信頼しておりました。まことにがっかりです。そのわけは、浄土に生まれる信心とは、一瞬も疑う心がないことなのであり、それこそが往生が定まっている、ということだからです。

善導大師が信心のありさまをお教えになっておられるには、「まことの信心を得られたのちは、阿弥陀仏のごとき仏、釈迦のごとき仏が、空に充ち満ちて、釈迦の教え、阿弥陀仏の本願は、間違いだと仰せになっても、一瞬も疑ってはならない」と（教えておられるのを）承知していますので、その事情を年来申しておりますにつけて、慈信ほどのものが申すことに、常陸・下野の念仏者が、みなさん、御心が動揺して、ついには、あんなにも確かな聖教類を、力を尽くして数多く書いて差し上げましたのに、それらをみな互いに捨ててしまわれたと、伝わってきますのは、なんとも言葉もありません。

なんといっても、慈信が申した教えのありさまは、教義上の名を聞いたこともなく、ましてや、（私は師から）教えられたこともありませんので、慈信にひそかに教える手がかりもありません。また、夜でも昼でも、慈信一人に、人に隠して、教えを授けたこともありません。もし、このようなことを慈信に申しながら、（授けたこともないと）嘘をも申し、隠して人にも授けたことがあるのでしたら、仏・法・僧の三宝を根本にして、仏法を守護する神々、四海に住む龍王たち、閻魔王、天地の神々、冥界の神々の罰を、親鸞一身に、ことごとく蒙ることになるでしょう。

ただ今から後は、慈信に関しては、親鸞の子どもであるという関係をきっぱりとあきらめます。（慈信は）俗世間のことについても奇怪至極な嘘や、言葉にあらわしようもないことを、吹聴しましたので、仏教の世界だけではなく、俗世間のことに関しても、恐ろしい発言が数かぎりもなくあります。とりわけ、（慈信が説いたという）教えのありさまを聞きましたが、想像もできない発言であります。親鸞にとりましては、けっして聞きもしないことであり、教えられたことでもありません。まことに、嘆かわしくつらいことです。

阿弥陀仏の本願を捨て奉っていることに人々が随順して、親鸞を嘘つきよばわりなさいました。つらく、きわめて情けないことです。総じて、「唯信抄」、「自力他力」という書物、「後世物語聞書」、「一念多念分別事」、「唯信抄文意」、「一念多念文意」、これらをお読みになりながら、慈信の教えによって、多くの念仏者たちが阿弥陀仏の本願を互いに捨ててしまわれたこと、言葉もないことですから、このような（慈信の）手紙は、これより後には、無用のことです。

また、「真宗聞書」という、性信坊のお書きになったものは、少しも私が申していることと違いませんので、うれしいことです。「真宗聞書」の一冊は、私の手元に置いてあります。

また、哀愍房とかいう人のことですが、今までに会ったこともありませんし、また、手紙は一度も出したことはありません。田舎から（哀愍房の）手紙をもらったこともありません。(哀愍房が)親鸞からの手紙を貰っているといっているのは、恐ろしいことです。(哀愍房の手になるという)この「唯信抄」の書きぶりは、ひどいものですから、焼き捨てましょう。ほんとうに、情けなくなります。

この手紙を、人々にお見せになって下さい。あなかしこ、あなかしこ。

五月二十九日　　親鸞(在判)

性信房へ　御返事

付け加えて。よくぞまあ、念仏者たちの信心が定まっていたなどと、みな嘘でありました。このように大切な第十八願を互いにお捨てになる人々の御言葉を頼りとして、年月を送ってきたことこそ、情けないことです。この手紙は、人に隠さねばならないものではありませんから、くれぐれも、人々にお見せになって下さい。

第二一通　ノート

1　「人師《にんし》」崇拝

第二一通の末尾に、「哀愍房」に対する激しい批判が記されている。彼が書いたという「唯信抄」の内容があまりにひどいので「焼き捨てよ」とまでのべている。

それにしても、善鸞の画策と時期を同じくして、このような人物が登場してきた理由はどこにあるのであろうか。

まず推測されることは、「哀愍房」が親鸞からの手紙をもっていると吹聴したり、親鸞から「焼き捨てよ」とまで批判された怪しげな著述をふりかざしていることからも分かるのは、彼が関東の同朋たちを自己の影響下に置こうとしていた点であろう。そしてこの点にかぎっていえば、「哀愍房」の動きは、慈信房善鸞の画策となんら変わるところがないといえる。つまり、関東の同朋たちの組織は、その支配をめぐる争いを引き起こすほどに、一種の魅力をそなえるまでに成長していたということではないか。

問題は、そのつぎにある。というのは、善鸞はもちろん「哀愍房」も、同朋たちを支配するためには、親鸞の後ろ盾を必要としていたからである。

善鸞は、親鸞の実子であることに加えて、その説くところは、親鸞から夜中にひそかに善鸞ただ一人に伝授されたものだ、という絶対的優位を主張した。「哀愍房」も、親鸞からの手紙を所有していると主張している。つまり両人とも、親鸞の権威によって同朋たちの新たな支配を企んだのである。

親鸞の権威！　これこそが、親鸞がもっとも怖れていた同朋集団の陥穽である。親鸞がなぜ関東から離れて京都へ戻ってきたのか、研究者は種々の理由をあげているが、そのなかの一つに、「人師」崇拝への怖れがある。

「人師」とは師匠、指導者のことだが、「人師」崇拝とは、人々が師匠に対して絶対的な崇敬の念をいだくことである。それは各自の心のなかでのひそかな思いにとどまっているかぎり、さほど大きな問題にはならない。しかし、それが特定の人物をまるで生き仏、生き神のように扱うようになると、さまざまな病弊が生じる。なによりも、念仏者としての平等が保たれなくなり、特定の「人師」が、同朋たちの「支配者」となり、信心の正邪さえ判断するようになる。あるいは、「人師」がいうことならば、なんでもそれに従うという、およそ没主体的な妄動が生じる。

親鸞は、関東の布教のなかで、次第に自身が「人師」に祭り上げられてくる危険を感じるようになったのではないか。専修念仏の教えより親鸞そのものが崇敬されるという事態の発生である。だからこそ、親鸞は『正像末和讃』の最後に、「是非しらず邪正《じやしよう》もわかぬ このみなり 小慈小悲もなけれども 名利《みようり》に人師《にんし》をこのむなり」(物事の是非も知らず邪正も分からないわが身である。慈悲といってもこれっぽちもない身だのに、名声や利欲ために人の師匠となりたがる。なんと浅ましいわが身であることか)と記さざるをえなかったのであろう。

第二一通の追伸には、第十八願を心から信じている同朋だと思っていた人々がやすやすと善鸞に与して、法然・親鸞の念仏を捨ててしまったことへの絶望が記されている。一体、関東の同朋たちはなにを信じていたというのか。親鸞は自問自答せざるをえなかったにちがいない。

すると、そこに黒々とすがたをあらわしたのが、ほかでもない「人師」崇拝であった。本願念仏を喜んでいた同朋たちも、念仏を通して親鸞を崇敬していたのである。その崇敬する親鸞を受け継ぐ者を、親鸞が去ったのちには、親鸞の代わりとして崇拝しようとする。こうした「人師」崇拝の風土があったからこそ、善鸞も力をふるうことができたし、「哀愍房」という怪しげなる者も、同朋の間に食い込むことが可能となったのであろう。

宗教において、もっとも恐るべきは「人師」崇拝なのである。本願念仏は、そうした「人師」崇拝から自由になる数少ない教えであるにもかかわらず、そのなかから、のちには親鸞の血統を法主として崇拝する教団が生まれてくる。皮肉といえば、これほどの皮肉はないであろう。文字通り「獅子身中の虫」は生きているのである。

2 性信のこと

第二一通の、悲痛な文面のなかで、性信が書いた「真宗聞書」という一書は、ことのほか親鸞を喜ばせたようだ。それは、「少しも私が申していることと違いません」とまでのべて、一部を手元に置いていると記している。

性信は、親鸞がもっとも信頼をおいた門弟であり、下総横曾根門徒のリーダーであった。伝説によると、鹿島神宮の宮司の家系に生まれたという。また、性信は、親鸞の門に入る以前に、すでに法然の門を叩いており、法然から親鸞を紹介されて親鸞の門弟となったという（坂東性純ほか『親鸞面授の人びと』、九一頁）。いずれにしても、性信は親鸞のもっとも早い時期の門弟であることには間違いないであろう。のちの談義本によれば、親鸞の送葬にも立ち会い、親鸞の骨を拾った一人という（宮崎圓遵『初期真宗の研究』、四三〇頁）。

現存する親鸞からの手紙の宛先は、性信宛がもっとも多い。のちに、それらを集めて「血脈文集」という消息集が編纂される。「血脈」とは血統ではなく「法脈」のことで、法の正統な伝承を示す言葉である。そのような消息集が編まれたということは、親鸞滅後、専修寺や本願寺が教団として勢力をもつようになってくることに対抗して、性信を開祖とする坂東報恩寺に結集した同朋が、法然・親鸞・性信という法脈こそがもっとも正統であることを示すためであったとも推測されている。

それにしても、善鸞の策動以来、同朋たちの離反を目の前にして悲嘆に陥っていた親鸞にとって、性信の存在は勇気を与えてくれたにちがいない。

なお、彼が書いたという「真宗聞書」を知る上で参考になる資料が『親鸞面授の人びと』に収められている。ただし、「浄土真宗聞書」となっている。

第二二通　公のために、国の民のために（性信房宛）　〔古二六〕

六月一日のお手紙、くわしく拝見しました。それからまた、鎌倉での訴訟のありさまは、大体は承っています。このお手紙に違わず聞いていましたので、変わったことはよもやあるまいと思っていましたところ、郷里にお帰りなったとのこと、うれしく思います。

だいたい、この訴訟の事情は、御身（性信房）お一人のできごとではありません。す

性信の木像　親鸞がもっとも信頼をおいた同朋の一人、性信の木像。群馬県邑楽郡板倉町。（1970年当時の写真）

べての浄土を願う念仏者に関わることなのです。こうした事情は、故法然聖人の御時に、私どもがさまざまに言われてきた（経験済みの）ことです。訴えも相も変わらない、蒸し返しです。性信坊がお一人で処理するべきことではありません。念仏を称えようとする人はみな、心を一つにして、御処理なさるべきことです。あなたを冷笑するべきことではないと思います。

念仏者のなかにも道理の分からない人がいて、（今度の訴訟は）性信坊の咎だとわざというのは、大変間違ったことです。念仏する人は、性信坊の味方にこそたがいにおなりになるべきでしょう。母、姉、妹などがいろいろといわれることは、過去の出来事で、今は関係のないことです。

そうなのです。（朝廷が）念仏を禁止されたが、（かえって）世間では（念仏禁止の張本人である上皇たちが流罪になるという）普通にはありえないことが起こりましたから、それにつけても、念仏を深く頼みとして、世の安穏を心から願って互いに念仏するべきでしょう。

お手紙の様子では、(訴訟のための) おおよその陳弁書、よく工夫されました。うれしく存じます。

つまるところ、御身にかぎらず、念仏をする人々は、自身の (往生の) ためと思われなくとも、公のために、国の民、百姓のために、互いに念仏を申しあわされるならば、喜ばしいことです。往生がまだ定まっていないと思われる人は、まず御自身の往生をお考えになって、御念仏なさってください。わが身の往生は定まっているとお考えの方は、仏のご恩をお思いになって、御報恩のために、御念仏を心に入れて申して、世の中が安穏であれ、仏法がひろまれ、とお考えになるべきだと思います。くれぐれもよくお考えになって下さい。このほかは、特別にお考えになるべきことはないと思います。

付け加えて。(鎌倉から故郷へ) 早く帰国されたということこそ、うれしく存じます。ほんとうに、しっかり覚悟をして、往生は決まったと思い定められるならば、仏の御恩をお考えになる上で、他のことは要らぬことです。御念仏を心に入れて申されるように、と思います。あなかしこ、あなかしこ。

親　鸞

七月九日

性信御坊へ

第二二通　ノート

1　「道理の分からない（ものにこころえぬ）人」

善鸞の画策は、鎌倉幕府での訴訟へと発展したが、その訴訟の内容は不明である。ただ、善鸞は、関東の念仏者全体を訴えるのではなく、代表的な有力門弟を個別に訴えたのではないかとも推測されている（柏原祐泉『真宗史仏教史の研究』、一七九頁）。いずれにしても、その訴訟を念仏者側から引き受けたのは性信であった。だが、善鸞の思惑通り、多くの念仏者は、今回の念仏弾圧の原因がまるで性信一人にあるかのような理不尽な錯覚をもつようになったらしい。

それに対して親鸞は、かつて自分が経験した法然門下時代の専修念仏弾圧を例に出して、事件は性信一人で処理してはならない、と忠告している。親鸞のいわんとしたことは、おそらく、念仏弾圧は決して特定の人物に対する弾圧ではなく、念仏それ自体への弾圧だという点だろう。そして、そういう認識がないかぎり、弾圧を跳ね返すことはむつかしい、ということではなかったか。いつの時代でも、権力者やその手を借りようとする者は、弾圧の対象者たちを分断し、その団結を妨げる。弾圧の対象となった者も、なにを守らなければならないのかが明白に分からないと、容易に権力者の言い分を鵜呑みにする。この場合も、個々の念仏者の利害が全面に出てきたのであろう。「道理の分からない人」とは、そのような利害にとらわれて、本質が見えない人のことであろう。度々、念仏の弾圧を経験してきた親鸞にとって、弾圧を克服する上でどういう人が妨げになるのか、痛いほど学ぶところがあったのではないか。

2 「世にくせごとのをこりさふらふ」

専修念仏を弾圧した張本人である後鳥羽院などが、「承久の変」(一二二一年)によって、遠島に流罪となったことを「くせごと」(ありえないこと)と称している。普通ならば、自分たちを弾圧した張本人が、幕府によって流罪に処せられたということは小気味いい心地がするのであろうが、親鸞は、このような転変が起こる世の中だからこそ、ますます念仏を頼みとする生き方が必要になるのだ、と諭している。

3 「朝家の御ため、国民のために」

念仏は第一義的には自己の成仏のためである。しかし、一度信心を得ると、念仏は世のなかの安穏と念仏の広まりを願う行為となる。訳文でいうと、「つまるところ」からはじまる段落は、こうした念仏の意義について説明を加えているといってよい。従来、研究者の間では、この段落の解釈をめぐって論争が繰り広げられてきた。それは、念仏をもって天皇と国民の安泰を願う行為だという解釈がなされてきたことへの反論、批判であった。だが、その反論や批判がまた、念仏の意味を正確に理解していたとはいえない一面があった。

ここでは、こうした研究史上の論争の紹介はしないが、結論からいえば、つぎのようになる。原文でいうと、「御身にかぎらず念仏まふさんひとぐ〳〵は、わが御身の料はおぼしめさずとも、朝家の御ため、国民のために、念仏をまふしあはせたまひさふらはゞ、めでたふさふらふべし」という文章だが、この「朝家」（親鸞は「おほやけのおんためとまふすなり」と訓じている）や「国民」（親鸞は「くにのたみ・ひやくしやう」と訓じている）のために念仏することが「めでたい」といわれるのは、「朝家」や「国民」が念仏の道理にしたがうようになれば「めでたい」という意味であろう。単に、「朝家」や「国民」の現状をそのまま肯定しているわけではないのだ。彼らが、念仏を受け容れることによって、念仏の道理にしたがうようになる、それが「めでたく」なる条件なのである。

従来の解釈は、この点を見逃して、彼らの支配・現状の持続を願うのが、ここでいう「念仏をまふしあはす」ことだと誤解したと考えられる。

念仏を差し向けるのは、対象となる人々が念仏の価値に目覚めることを願うからであろう。そうでなければ、なにも念仏を差し向ける必要はない。

手紙の文章は、このあと、まだ自分の往生について自信のない人は、まずなによりも自分のために念仏すべきであるし、すでに往生が定まっていると考えている人は、「世の中が安穏であれ、仏法がひろまれ」と願うのがよい、と諭している。

ここでいう「世の中の安穏」もまた、念仏の価値に基づく安穏であり、世俗的な安穏、とくに権力者に都合のよい、差別や抑圧を隠蔽する「安穏」ではけっしてない。原文でいう「世のいのり」のための念仏とは、まさしく、念仏の価値を世に広めようとする念仏なのである。こうした積極性こそ、念仏による社会倫理の根拠となるものだといえる。

親鸞の関心は、いつも念仏の価値が最優先される点に注がれている。それは法然が説き続けてきたことである。法然いわく、「現世をすぐべき様は念仏の申されん様にすぐべし。念仏のさまたげになりぬべくば、なになりともよろづをいとひすてゝ、これをとゞむべし」(「諸人伝説の詞」)。念仏の原点を見失った「安穏」論ほど体制側に好都合なものはない。

第二三通　念仏の目標(性信房宛)　〔古三二〕

(鎌倉から)帰国されてのち、変わったことがおありでしょうか。(この便りを届けてくれる)源藤四郎殿に、思いもかけずお会いしました。便りを届ける機会を得たうれしさに、お手紙します。その(鎌倉での訴訟の)後、なにごとかありましたか。念仏に関する訴訟が落着した由、あちこちから承りますので、まことにうれしく存じます。今は、十分に念仏も広まっているのであろうと、深くよろこんでいます。

このことにつけても、御自身の目標は、今や定まりましたね。念仏を心に入れてつねに申して、念仏を非難する人々の、現世と後世のことまで、(仲間とともに)お祈りになりますように。皆様方の目標である念仏は、今やなんのためになさるべきなのでしょうか。ただ、間違った世間の人々を祈り、阿弥陀仏の御誓いを信じるように、とお互いにお考えになれば、仏の御恩に報いることになるのです。よくよく、御心に入れて念仏を互いに称えてくださいますように。

法然聖人の（御命日の）二十五日の（集まりでの）御念仏も、つまるところは、このような誤った考えのものを助けるためにこそ、互いに念仏を申すように、ということですから、念仏を誹謗する人が助かるように、とよくよくお考えになって、互いに念仏をなさいますように。

また、なにごとも、たびたび、便りでは申しました。源藤四郎殿の便がうれしくて書きました。あなかしこ、あなかしこ。

入西御坊の方へもお手紙をしたいのですが、同じことですから、この事情をお伝え下さいますように。あなかしこ、あなかしこ。

性信御坊へ　　　　親鸞

第二三通　ノート

1　性信宛消息が続く

この消息には日付がないが、性信が鎌倉での訴訟を終えて郷里に帰ったという第二二通の内容を受けているので、第二二通よりもそれほど日を経ずに書かれた消息であろう。年代でいえば、建長八（一二五六）年の秋頃のものと思われる。もっとも、第二四通も同じ内容なので、場合によれば、第二四通の方が先に書かれたのかもしれない。第二六通の性信宛消息は、正嘉元年十月十日の日付をもっている。

一二五六年は十月五日に改元して建長八年から康元元年となる。康元は翌年の三月十四日に正嘉元年と改元されるから、半年ほどしか存続していない年号である。念のために。

2　念仏の「目標」（「料」）

第二三通では、訴訟が落着した今となれば、念仏者の「目的」（原文では「料」）がどこにあるのか、念仏はなんのために称されるべきものなのか、が性信にはっきりと示されている。それは、ひたすら、「念仏を非難する人々」（「念仏そしらんひと〴〵」）、「世の間違った人々」（「ひがふたる世のひと〴〵」）、「誤った考えの人々」（「邪見のもの」）の、現世と後世を祈ることにある。つまり、こうした人々が「弥陀の誓いを信じる」ようになるようはたらきかけることであり、「間違った世間」が念仏の道理を認めて「安穏」な世になるようつとめることを意味する。

こうした念仏論は法然以来のものであり、すでに消息でも何度も表明されているが、敵対者を排除したり、否定するのではなく、その人々が助かるように祈るところに念仏の意義が見出されているのだ。

専修念仏が、誹謗者に対して寛容であり、彼らが誹謗の罪のために地獄に堕ちることがないように祈る、という姿勢は、人は条件次第でどのような振る舞いをするか分からないという、人間存在の不条理を正面から認めているからこそ生まれているのであろう。私が念仏者になったのは縁があったからであり、彼が念仏者を誹謗するのは、たまたま縁がなかったからだということでしかない。こうしてみると、誹謗者にも縁さえはたらけば、念仏を受け容れることにもなろう。誹謗が逆縁となって念仏と結縁することもあるのだ。ここに、専修念仏の寛容である理由が存在する。

宗教はしばしば、それを信じない人々に対する、あらたな差別や排除、優越感を生みやすい。同じ信者同士では寛容であっても、異教徒や無関心なものに対しては、憎悪や差別感をもちやすい。この点、専修念仏は、敵対者たちがいつの日にか念仏の教えに覚醒する可能性を信じているのであり、目覚めた同朋たちの集まり、つまり「聚」（ともがら）の共同体への深い確信があるといってよいだろう。

3　入西坊

親鸞の門弟名簿（「交名牒」）には常陸に住む、親鸞の直弟子とある。「親鸞伝絵」によれば、親鸞七十歳の時、入西が親鸞の肖像画を京都の絵師法橋定禅に描かせたという（日本古典文学大系82、一六八頁、頭注二）。

「伝絵」によれば、入西坊はかねて親鸞の肖像を描きたいと願っていたが、その願いを親鸞が察知して、定禅法橋に描かせるとよいと許可を出した。そこで入西坊は随喜して、法橋を招く。法橋は、かねて阿弥陀仏の化身である尊い僧を描くであろうという夢を見ていたが、親鸞を目の前にして、まさしく夢に見た僧と親鸞が同一であることに驚いた、とある（「本願寺聖人親鸞伝絵」上、第八段）。「伝絵」のねらいは親鸞を神格化する点にあったから、このような粉飾がなされたのであろう。

それにしても、入西坊の気持ちを推し量って肖像画を描くことを許す親鸞と、願いが叶って随喜する入西坊との交流が微笑ましい。

源藤四郎という人物については未詳である。

第二四通　念仏を求める人々（性信房）　〔古二六〕

武蔵の国からだといって、「しむし」の入道殿と申す人と、正念房と申す人が、大番の役で上京したからといって来られました。お会いしました。御念仏の志があるということですので、格別にうれしく、素晴らしく思います。（あなたからの）お勧めだということです。ほんとうに、うれしく、心うたれます。なおいっそう、（念仏を）お勧めいただいて、信心のかわらぬように、人々に申してくださいますように。

阿弥陀仏の御誓いの上に、釈尊のお言葉です。また、十方世界におられる無数の諸仏がご証明になっていることです。信心は変わることはない、と思っていても、いろいろに互いに変わられましたこと、とくに悲しく思います。十分に（念仏を）お勧めになってくださるように。あなかしこ、あなかしこ。

九月七日　　　　　　　　　　親　鸞（在判）

性信御房へ

念仏が原因の事件ですから、訴訟のことなどがいろいろと伝わってきますところに、（性信が）心穏やかになられたと、（上京された）この人々がお話しになられたので、ことによろこばしく、うれしく思います。なにごとも、なにごとも申し尽くしがたいことです。寿命がありましたら、またまた申し上げます。

第二四通　ノート

1　大番役

平安・鎌倉時代の京都御所・摂関家の警護役。鎌倉幕府は御家人に、はじめは六ヶ月、のちには三ヶ月の期間、この役を命じた。

「しむし」の入道や正念房についてはよく分からない。

第二五通　浄土宗の立場（宛先不明）　〔古八〕

経典の作者については五説を出ません。一つは仏説、二つは弟子たち、三つは天の仙人、四つには鬼神、五つには変化の者。この五説では、仏の説を用いて他は頼みとしてはなりません。浄土の三部経は釈迦如来の直説だとお知りになることです。

四土とは、一つは法身《ほうしん》の国土、二つは報身《ほうじん》の国土、三つは応身《おうじん》の国土、四つは化土《けど》の国土。ここで問題とする安楽浄土は報土《ほうど》です。

三身とは、一つは法身、二つは報身、三つは応身。阿弥陀仏は報身の如来です。

三宝とは、一には仏宝《ぶつほう》、二つには法宝《ほうぼう》、三つには僧宝《そうぼう》。浄土宗は仏宝です。

四乗とは、一には仏乗《ぶつじょう》、二には菩薩乗《ぼさつじょう》、三には縁覚乗《えんがくじょう》、四つには声聞乗《しょうもんじょう》です。浄土宗は菩薩乗です。

二教とは、一つには頓教《とんぎょう》、二には漸教《ぜんぎょう》。浄土宗は頓教です。

二蔵とは、一には菩薩蔵、二には声聞蔵です。浄土の教えは菩薩蔵です。

二道とは、一には難行道《なんぎょうどう》、二には易行道《いぎょうどう》。浄土宗は易行道です。

二行とは、一には正行《しょうぎょう》、二には雑行《ぞうぎょう》です。浄土宗は正行を根本とします。

二超とは、一には竪超《じゅちょう》、二には横超《おうちょう》です。浄土宗は横超です。竪超は聖道自力《しょうどうじりき》です。

二縁とは、一には無縁《むえん》、二には有縁《うえん》です。浄土宗は有縁の教えです。

二住とは、一には止住《しじゅ》、二には不住《ふじゅ》です。浄土宗は仏教が滅びたのち百年まで存続して衆生を利益すると申します。不住とは、聖道の教えであり、諸善です。諸善はみな海底にある竜宮に隠れてしまうといいます。

思・不思とは、以下の通りです。思議とは思慮分別の対象となる教えで、聖道門の八万四千の諸善です。また、不思というのは浄土教のように不可思議の教えのことです。ひとまず記してみました。よく承知している人にお尋ねになってください。

また、詳しくはこの手紙で申し上げることもできません。目も見えません。なにごともみな忘れてしまいました。その上に、人様に明らかにお話しすべき身でもございません。くれぐれもよく浄土教の学者にお問い合わせください。あなかしこ、あなかしこ。

閏三月二日　　　　　　　　　　　　　親鸞

第二五通　ノート

1　内容的には、浄土宗の教義を理解するうえでの基本的な術語の解説となっている。同じ内容が「愚禿抄」にある。それぞれの言葉の説明は省く。

2　「目もみえず候」

消息としては、末尾に「目も見えず候。なにごともみなわすれて候」と老耄《ろうもう》を嘆く言葉が印象的である。親鸞八十五歳の消息と推測される。これ以降、亡くなるまで、肉体の衰えとは別に、親鸞は著述に書写に活躍する。

第二六通　信心の人は如来とひとしい（性信房宛）　〔古三〕

信心を得た人は、かならず「正定聚《しょうじょうじゅ》」の位に住むことになるので、「等正覚《とうしょうがく》」の位にある、というのです。『大無量寿経』には、阿弥陀仏の摂取《せっしゅ》不捨《ふしゃ》の恵みを受けることに定まるものを、「正定聚」となづけて、『無量寿如来会』には、「等正覚」と説いておられます。その名は別々ですが、「正定聚」と「等正覚」は同じ意味で、同じ（修行上の）位なのです。「等正覚」といいます位は、つぎに生まれ変わると仏になることが定まっている弥勒菩薩と同じ位です。（私たちは）弥勒菩薩と同じく、この生をおえて浄土に生まれたら仏になるので、弥勒菩薩と同じだと説かれているのです。

さて、『大無量寿経』には、「次如弥勒」（ついで弥勒のごとし）とあります。弥勒菩薩はすでに仏になることが定まっている方ですから、（実際はまだ菩薩だが）弥勒仏と、他の宗派ではいっているのです。したがって、弥勒菩薩と同じ位にいるので、「正定聚」

の人は如来と等しいともいうのです。

浄土を願う真実の信心を得た人は、この身はいまだ嘆かわしい、不浄で悪をつくる身ではありますが、心はすでに如来と等しければ、如来と等しいということもあるのだ、と理解してください。

弥勒菩薩は、すでにその心は「無上覚《むじようかく》」（さとり）に定まっておられるので、「三会《さんね》のあかつき」（菩薩が仏になったとき、三回の大説法の会が開かれるという）というのです。浄土を願う真実の信心の人も、（弥勒菩薩の）この話の意味をよく心得られるべきです。

善導大師の『般舟讃《はんじゆさん》』にも、「信心の人は、この心すでにつねに浄土に居《こ》す」と解釈をしておられます。「居す」とは、信心の人の心が浄土に常にあるという意味です。これは、弥勒菩薩と同じということをいっているのです。このことは、「等正覚」（さとり）が弥勒菩薩と同じだということによって、信心の人は、如来と等しいという意味なのです。

正嘉元年丁巳十月十日　　親鸞

性信御房へ

第二六通　ノート

1　「こゝろはすでに如来とひとし」

信心を得ると、この身は「不浄造悪」をまぬがれないが、心はすでに如来と等しい、と心得よと教えている。理由は、信心そのものが阿弥陀仏のはたらきであるからであろう。私のなかで阿弥陀仏がはたらく姿、それが信心であり、念仏にほかならない。そうであるならば、私の心は如来と等しいといってもよいだろう。

だが、ここで注意を要するのは、如来と「等しい」とのべていて、「同じ」とは記されていないという点だ。「同じ」は文字通り、私と阿弥陀仏が同一ということ。しかし、煩悩の身体を免れない私が阿弥陀仏と「同一」であるはずがない。しかし、信心を得るということは、つぎは仏になることが定まっていることだから、如来にかぎりなく近い、といってよいだろう。しかし「同じ」なのではない。

この「等しい」と「同じ」を混同すると、信心を得るとこの身のままで仏になるという「即身成仏」の教えと変わらなくなる。実際、そのように誤解した門弟たちもいた。『歎異抄』にも、そうした間違いが取り上げられている（第十五章）。

2　「摂取不捨」は、現代日本語でいえば「救済」が一番近い。意味は、阿弥陀仏の慈悲につつみこまれて、決して捨てられることがないということ。親鸞は、「一念多念文意」のなかで、「摂はおさめたまふ、取はむかへとると申すなり」と解説している。また「摂」の訓として、「モノ、ニグル（逃げる）ヲオワエトル（追わえとる）ナリ」と記している（高田本「浄土和讃」）。

第二七通　信心を喜ぶ人は如来とひとしい（真仏房宛）（古四）

これは経典の文章です。『華厳経』にのべられていますには、「信心歓喜者、与諸如来等」というのは、信心を喜ぶ人は、もろもろの如来と等しいというのです。もろもろの如来と等しいということは、信心を得てとくに喜ぶ人を、釈尊の御言葉では「見て敬い大いに慶ぶ者は、則ち我が善き親しき友」と説いておられます。また、阿弥陀仏の第十七願には、「十方世界、無量諸仏、不悉咨嗟、称我名者、不取正覚」（十方世界の無量の諸仏がことごとく感嘆してわが名を称揚しないならば、私は仏にはならないだろう）とお誓いになっています。この誓いが成就されたことを示す文章では、「よろずの仏にほめられ、よろこびたまう」とあります。少しも疑うべきではありません。

この手紙は、如来と等しい、という文などを明らかにして記すものです。

正嘉元年丁巳十月十日　親鸞

真仏御房へ

第二七通　ノート

第二六通と同じく、信心を喜ぶものは「如来と等しい」ということを他の経典などを使って説明している。

第二八通　信心を得た人は諸仏とひとしい（随信房宛）〔古一九〕

御質問のことは、阿弥陀仏の他力から差し回される誓願にお遇いして、真実の信心をいただき、喜ぶ心が定まるとき、（阿弥陀仏は信者を）摂め取ってお捨てになることがないので、信心がダイヤモンドのように堅固になりますが、そのときを、「正定聚」の位に住するといい、弥勒菩薩と同じ位になるともいう、と説かれてあるのです。

弥勒菩薩と同じ位になるがゆえに、信心がまことの人をば、仏と等しいともいうのです。また、諸仏が、まことの信心を得て喜ぶ人を、ほんとうによろこばれて自分と等しいものだ、とお説きになっておられるのです。

『大無量寿経』には、釈尊の御言葉に「見敬得大慶則我善親友《けんきょうとくだいきょうそくがぜんしんぬ》」(見て敬い、得て大きに慶ばば、すなわち我が善き親友《しんぬ》なり)とお喜びになっていますから、信心を得た人は、諸仏と等しいと説かれてあるのです。また、弥勒菩薩のことを、すでに仏になられることが決まっていらっしゃるので、(菩薩ではなく)弥勒仏というのです。ですから、すでに他力の信心を得ている人をも、仏と等しいということができる、とあります。御疑いがありませぬように。

御同行(信心を同じくする仲間)が「臨終に仏が迎えに来られるのを期待して」とおっしゃっているようですが、それは私の力ではどうしようもないことです。信心がまことになられた人は、阿弥陀仏の誓願の恵みに、(阿弥陀仏は念仏者を)「摂取して捨てず」、おさめとって捨てない、とありますから、臨終に阿弥陀仏の来迎を期待なさることはない、と思います。まだ信心が定まっていない人は、臨終を期待し、来迎をお待ちになられるのでしょう。

このお手紙の差出人は、(法名として)随信房とお名乗りになってください。そうすればよろこばしいことです。御手紙の書き方(内容)も、結構です。(ただし)御同行のおっしゃっていることは、理解できません。それも、私の力の及ばないことです。あなかしこ、あなかしこ。

十一月二十六日　親鸞

随信御房へ

第二八通　ノート

1　随信房のこと

随信房はこのときはじめて親鸞に手紙を出して、自身の信心を開陳し、できれば、法名を貰いたい、と願い出たのであろう。親鸞は、「随信房」という法名を与えている。そして、手紙の書き方やその内容が立派だと褒めている。「交名諜」によれば、随信房は親鸞の直弟子である慈善という人物の弟子であったようだ。

第二九通　いや女のこと（「王御前」宛）〔古四五〕

いや女のこと、あなたからお手紙をお寄せになりましたが、いや女はいまだに居るべき所もなくて、困窮しています。なさけなく、あさましく、もてあましており、どうすればよいのか見当もつきません。あなかしこ。

三月二十八日　（親鸞の花押）

…………（切封）

わ□ごぜんへ　しんらん

第二九通　ノート

1　「いやおむな」のこと

本書の第一通は、「いや女」の譲り状であったが、ここでは、「わうごぜん」（親鸞の末娘、王御前。法名・覚信尼のこと）が「いやおむな」の動静を親鸞にたずねてきたことへの返書である。いまだに「いやおむな」の処置に窮していることを覚信尼に知らせている。親鸞と「いやおむな」との関係は不明である。第一通の内容から、親鸞が召し使っていた下女ではないか、ともいわれている。

この消息の書かれた年月については、第一通からそれほど日が経っていない建長のはじめ頃ではないか、という説もある。

親鸞の真筆が残っている。

第三〇通　法身と回向（浄信房宛）　〔古二三〕

浄土に生まれてしまえば、ただちに、涅槃を悟るとも、滅度にいたるとも申すのは、その御名こそ別のように思われますが、これらは同じく、「法身《ほっしん》」（真理そのもの）という仏になることなのです。「法身」になるべきもっとも相応しい原因となるのが、阿弥陀仏の御誓いであり、それを法蔵菩薩がわれら衆生に「回向《えこう》」、すなわち、振り向けるられたことを、「往相」つまり、浄土に生まれるための「回向」（振り向け）というのです。

この「回向」のことを、「念仏往生の願」（念仏によって浄土に生まれさせる願い）というのです。この「念仏往生の願」をひたむきに信じて疑うことがないことを、「一向専修」とは申すのです。阿弥陀仏には、（衆生をして浄土に行かせる「回向」と、浄土で仏になって迷える衆生を仏に導く「回向」〈還相《げんそう》〉の）二種類の「回向」がそなわっていますが、この二種類の「回向」の願を信じて、疑いの心がまったくないことを、真実の信心と申すのです。

この真実の信心がおこることは、釈迦と阿弥陀仏の二尊の御はからいによるものだと、ご理解になってください。あなかしこ、あなかしこ。

二月二十五日　　親鸞

浄信御房へ　御返事

第三〇通　ノート

1　二種の回向

世間で使われる「回向」は、死者の成仏のために供養する、という意味だが、親鸞においては、一つは衆生の往生のために、二つは、仏となった衆生が他の衆生の済度を目指して慈悲を実践するために、阿弥陀仏がその本願力を振り向けることを回向という。伝統的な用語でいえば、「自利《じり》」と「利他《りた》」の両面があってはじめて仏教になるが、法然・親鸞の仏教では、その両面が共に、阿弥陀仏の力による、と考える。

信心とは、こうした阿弥陀仏の二つの回向を信じることにほかならない。

第三一通　仏とひとしい人（浄信房宛）　〔古一六〕

おたずねになられたこと、ほんとうに結構なことです。まことの信心を得た人は、すでに仏になることが決まっている身とおなりになっているのですから、仏と等しい人と経典に説かれているのです。弥勒菩薩は、まだ仏におなりになっていませんが、つぎの生ではかならず仏におなりになると定まっているので、現に弥勒仏と申すのです。そのように、真実の信心を得た人をば、仏と等しいと仰せられているのです。

また、承信房の、弥勒と等しいとありますことも、間違いではありませんが、他力の信心を得て（生じる）よろこぶ心は仏と等しいとありますのを、自力だと考えていらっしゃる様子は、今少し、承信房の御心が徹底していないように聞こえます。このことこそ、注意をして十分にお考えになって下さってはどうでしょうか。

自力の心で、自分は仏と等しいというのは、まことに正しくないことです。他力の信心のゆえに、浄信房がおよろこびになっていることが、どうして自力でありましょうか。くれぐれもよく論じあってください。

この子細は、こちらの（上京された）人々に詳しく申しています。承信の御房もお問い合わせ下さいますように。あなかしこ、あなかしこ。

十月二十一日　　親鸞

浄信御房へ　御返事

第三一通　ノート

1「等しい」と「同じ」

前にも、信心を得た人を如来と「等しい」という表現があった。ここでは、「承信房」の考えを親鸞が批判する形で「等・同」の区別がなされている。

批判の一つは、「承信房」が弥勒と「等しい」と考えている点についての批判である。親鸞はそれは間違いではないが、感心しない、という。というのも、弥勒はつぎは仏になることが定まっている、また信心を得た念仏者もつぎは仏になることが定まっているから、つぎの生で仏になることが定まっているという点では、弥勒も念仏者も「同じ」なのである。だから親鸞は、「承信房」の了解が不十分だと批判するのである。

では「等しい」とはどういうことか。他力の信心を得て、喜びの心が起こるのは如来と「等しい」のであって「同じ」なのではない。「等しい」というのは「近似」という意味である。つまり、凡夫であっても、信心を得ると、その身は煩悩に満ちているが、心は如来と同じなのである。肉体をもっている間は、如来と同じというわけにはいかないが、信心ゆえにかぎりなく如来に近い。すなわち「等しい」のである。もし、これを如来と「同じ」というならば、それは即身成仏と同じことになる。

手紙で、「承信房」の心がまだ徹底していない、と親鸞が批判するのは、こうした点からであった。

なお後にふれるが、「等しい」と「同じ」という用語がまま、乱れて使用されていることがある。ただし、「如来と等しい」というところを「如来と同じ」とはけっしてのべていない。「弥勒と同じ」というべきところを「弥勒と等しい」といっている箇所はある。

第三二通　慶信から親鸞へ、親鸞から慶信へ（慶信房宛、蓮位の代筆）

〔古一四、一五〕

＊意訳の大部分は、親鸞からの手紙ではなく、門弟の慶信が自分の信じるところを親鸞に書き送って批判を求めたものだが、親鸞は当時病気のために、新たに返信の手紙を書くことができなかったのか、慶信からの手紙に自ら、加筆、訂正をした上で、余白の部分に慶信の「追伸」に対する返事を書きこんでいる。門弟からの手紙と、それへの返事が一対になっている貴重なやりとりといえよう。

＊意訳は、親鸞が訂正した文章にしたがった。参考のために、親鸞の加筆、訂正した部分は太字標記としている。ただし、意訳にあたって、原文通りに表示できない箇所は太字にしなかった。加除の様子は、テキストを見てほしい。

＊慶信の本文は片仮名で書かれており、慶信の追伸と、親鸞の余白に書かれた追伸は平仮名となっている（口絵参照）。意訳にあたってはとくに片仮名標記はしない。

（親鸞に対して）畏まって申し上げます。

大無量寿経に、「信心歓喜」とあります。**華厳経を引用した浄土**和讃にも、「信心よろこぶその人を、如来と等しと説きたまう、大信心は仏性なり、仏性すなわち如来なり」（「大信心」の「大」は「信心」が阿弥陀仏から与えられたものだという意味を示す）と仰せられていますが、専修《せんじゅ》念仏者のなかに、ある人が心得違いをしたのでしょうか、「信心よろこぶ人を、如来と等しいと同行たちがいっているのは、自力だ。真言宗の（即身成仏の）教えに似ている」と申しています。（このようなことをいっている）人のことは分かりませんが、申しておきます。

また、「真実信心うる人は、即《すなわち》定聚《じょうじゅ》のかずに入る。不《ふ》退《たい》の位《くらい》に入りぬれば、必ず滅度《めちど》をさとらしむ」とあります。「滅度をさとらしむ」とありますのは、人間としてこの世に生まれた、その身が終わろうとするとき、真実の信心を得た行者の心が、浄土にいたりますならば、（阿弥陀仏の）寿命無量《じゅみょうむりょう》が本体となり、光明無量《こうみょうむりょう》の功徳のはたらきが身から離れることがないので、阿弥陀仏の光明と一味となります。それゆえに、「大信心は仏性なり、仏性即如来なり」と仰せになっておられると思われます。
これは、第十一、十二、十三願*注の御誓いと心得ることができます。罪悪の我等のために起こしてくださった大慈悲の御誓いが素晴らしく、慈悲深くましますうれしさは、心も及ばず、言葉では言い尽くすことできず、表現もむつかしく、かぎりのないことです。

*注
第十一願・「たとい私が仏になったとしても、私の国の住人たちが正定聚に就き、必ず悟りを得ないようであれば、私は仏にはなりませぬ」
第十二願・「たとい私が仏になったとしても、私の光明が限りあって無数の仏国を照らすことができないようであれば、私は仏にはなりませぬ」
第十三願・「たとい私が仏になったとしても、私の寿命に限りがあるようならば、私は仏にはなりませぬ」

無始《むし》曠劫《こうごう》（無限の過去）より今にいたるまで、はるかな過去のそれぞれの時代に、数限りない諸仏が世に出られましたが、その仏のもとで、大菩提心を起こすといいましても、**自力**では成功せず、釈迦と阿弥陀仏の二尊の御手だてのおかげを蒙って、(今では)雑行雑修《ぞうぎょうざっしゅ》、自力疑心の思いはありません。阿弥陀仏の「摂取不捨《せっしゅふしゃ》」の御慈悲のために、疑心もなく、よろこんで、**少なくとも**一念(一声の念仏)**によって**往生が定まり、(これも)阿弥陀仏の誓願の不思議だと心得るようになりました上は、何度聞いても見ても、飽くことがない浄土の**聖**教も、よき指導者に遇いたいと思いますことも、「摂取不捨」も、信も、念仏も、自分以外の人々のためにある、と思われるのです。

今、師の**御**教え**のゆえに**、心をふるいおこして御意向をうかがいますことによって、本願の意向を理解し、正しく近い道を求めることができて、まさしく真実の浄土にいたるであろうことが、この度、ひとたび名号を聞いて他力の信心を得ることによって実現できましたうれしさは、御恩のきわまりです。

その上、『弥陀経義集』によって、ざっと明らかに納得できました。しかし、世間のあわただしさに紛れて、二時間、あるいは四時間、六時間と(念仏を)欠かすことがありますが、昼夜に忘れず、御慈悲をよろこぶ(阿弥陀仏の)はたらきばかりで、行住坐臥に、時と場所のけがれを問題とせず、一向に堅固な信心ばかりで、仏恩の深さ、師主の**恩徳**のうれしさ、報謝のために、ただ阿弥陀仏の御名を称えるだけで、(称名を)日課とはしていません。この有様は、間違っているのでしょうか。一生の重大問題は、ただこのことに尽きます。お差し支えがなければ、十分に詳細に教えをこうむりたいと、かろうじて考えていることだけを記して、お手紙申し上げました。

それからまた、京都に長くおりましたのに、忙しさばかりで、心静かに過ごせなかったことが嘆かれます。それゆえに、工夫をして、なんとかして上京して、心静かに、せめては五日の間でも、御許にいたいと願っています。あゝ、こうまで申し上げますのも、師の御恩のお力です。

聖人の御許へ差し上げます。蓮位御房、お取り次ぎ下さい。

慶信上（花押）

十月十日

追伸を申し上げます。

念仏を申す人々のなかに、南無阿弥陀仏と称える合間に、無碍《むげ》光如来《こうにょらい》と称える人もいます。これを聞いて、ある人が申しますに、「南無阿弥陀仏と称えた上に、帰命盡《きみょうじん》十方無碍《じっぽうむげ》光如来《こうにょらい》と称え奉るのは、憚りのあることではないか。きざなこと」、と。この有様、どのように理解したらよいのでしょうか。

（以下は、右の慶信の「追伸」に対する親鸞の返事）

南無阿弥陀仏と称える上に、無碍光仏と称えるのは、悪いことだということは、きわめて間違ったことだと思います。「帰命」は南無です。「無碍光仏」は、光明であり、智慧です。この智慧はそのまま阿弥陀仏のこと。阿弥陀仏の御形が分からないので、その御形を（私たちに）たしかに分からせようということで、世親菩薩が、御力を尽くして（無碍光如来と）表現してくださったのです。このほかのことは、少々、文字を訂正してさしあげました。

第三二通補遺　蓮位から慶信へ

〔古三八〕

＊この書簡は、さきの第三二通に添えられたものといわれている。親鸞の侍者であった蓮位が、親鸞の意図を汲んで代筆したと考えられる。第三二通と合わせて読むと、第三二通の内容が一段とはっきりと理解できる。ここにそれを意訳しておく。

いただいたお手紙の内容、(親鸞聖人に)詳しく申し上げました。すべて、いただいたお手紙の内容は、(親鸞聖人が自分の)考えと違うところはないと仰せになっています。

ただし、「一声念仏すると往生が定まり、(それも)誓願の不思議のゆえ、と心得ます」とお書きになっている箇所は、「よいように思われるが、一声の念仏に止まっているところがよくない」ということで、お手紙のその箇所のそばに、御自筆をもって、よくない、という趣をお書き入れになりました。私(蓮位)に「このように書きいれよ」と仰せになりましたが、(聖人の)御自筆は強い証拠だと(あなたが)思われるだろうから、と考えましたので、たまたま、お風邪で咳がひどい状態でいらっしゃいましたが、(その旨)申し上げました。

また、上京されました人々が、田舎で論じあっている一つに、(信心を得た人は)弥勒菩薩と等しいという人がいる、と仰っているようですから、(親鸞聖人がそのことについて)はっきりと述べておられる文章がありますから、記しておきます。ご覧になって下さい。

「弥勒と等しい(注、ノート参照)ということですが、それは、弥勒菩薩が仏の悟りを約束されている身分にあるということです。それは仏という結果をもたらす原因となる位のことです。（たとえれば）月は十四日、十五日で満月（仏の悟りの位）となりますが、（弥勒菩薩の状態は）八日目、九日目で、まだ満月にいたっていない状態をいうのです。これは、自力の修行の様子です。私たち、信心が定まった凡夫は、位は正定聚《しょうじょうじゅ》です。この位は、つぎは仏になることが定まっています。仏の悟り（という結果）をもたらす原因となる位です。弥勒菩薩は自力でその位に到達されました。私たちは他力によってその位にいます。自力と他力の区別こそありますが、つぎに仏となる、という（結果を生じる）原因の位であることには変わりありません。

また、弥勒菩薩の悟り（妙覚）は時間がかかりますが、私たちが悟り（滅度）に達するのは瞬く間のことです。弥勒菩薩は、五十六億七千万年後の暁を目指し、私たちは、竹の膜ほどの短時間で悟りに到達します。弥勒菩薩は、（修行の過程が）遅いなかで早い方ですが、私たちは、早いなかでも早く（悟りに到達します）。「滅度」は「妙覚」のことです。

中国の曇鸞《どんらん》法師の註釈に、つぎのように述べられています。好堅樹《こうけんじゅ》という樹木がある。この木は、地下で百年間とぐろを巻いていて、（地表に出ると）一日に百丈ずつ成長するという。この木が地下に百年間あるのは、私たちが娑婆世界にあって正定聚の位にいるのと同じこと。一日に百丈成長するのは、悟り（滅度）にいたる早さである、と。これは譬えです。これは他力の有様です。松の成長は、年ごとに一寸に過ぎません。この成長ぶりは遅いですが、それが自力の修行の有様なのです。

また、如来と等しいということは、煩悩から解放されることがない凡夫が、阿弥陀仏が発する智慧の光に照らされて、信心し、歓喜しますが、その信心し、歓喜するがゆえに、正定聚という位に就くことができる、ということです。信心とは、智慧のことです。この智慧は、他力の光明に摂取されるがゆえに得ることができる智慧なのです。阿弥陀仏の光明は智慧のことです。ですから、同じというのです。同じというのは、信心（智慧）を等しくしているということです。歓喜地（菩薩の五十二段階ある修行階梯の、四十一段目から五十段目の十の位のこと）というのは、信心を歓喜することです。わが信心を喜ぶゆえに、同じというのです」。

詳しく御自筆で記されておられるのを、書き写して差し上げました。

また、南無阿弥陀仏と申し、そのほかに無碍光如来と称えることについての御疑問も、詳しく、お手紙のそばにお書きになっています。このようにあなたからの手紙に親鸞聖人がお書き込みになりましたから、あなたからの手紙を返送します。一方で、阿弥陀といい、また一方で無碍光と申し、その御名は異なっても、意味は同じです。阿弥陀というのは、梵語で、無量寿とも無碍光とも申します。梵語と漢字では異なっていますが、意味に変わりはありません。

それにしても、覚信房のことは、とくに心がうたれましたし、また、尊くも思います。そのわけは、信心が変わることなく亡くなられたからです。また、しばしば、信心についての了解の様子を、どのようになっているか、とおたずねしましたが、ただ今までは違っているはずがありません、ますます信心は強くなっている、とありました。

上京の折、田舎を発って一市というところに来ましたら、病気がはじまりましたが、同行たちは帰れなどと申しましたけれども、「死ぬほどの病ならば、帰っても死ぬであろうし、留まっていても死ぬであろう。また病になれば、帰っても病になるであろうし、留まっても病になる。同じことなら、親鸞聖人の御許で死ぬのなら、そうありたいものと思って参りました」、とお話しになりました。

このご信心は、まことに立派なものと思います。善導和尚の「二河白道《にがびゃくどう》」*注の譬喩を思い合わせて、いかにも素晴らしく、羨ましく思います。ご臨終の際には、南無阿弥陀仏、南無無碍光如来、南無不可思議如来と称えられて、手を組んで、静かに亡くなられたそうです。

＊注
水の河と火の河を貪りと怒りにたとえ、その二河にはさまれた一筋の白い道を彼岸にいたる往生の信念にたとえた話。法然の『選択本願念仏集』にも、親鸞の『教行信証』にも全文が引用されている。

また、先に亡くなり、遅れて亡くなる例は、哀しく嘆かわしく思われましても、先だって悟りにいたりますならば、かならず、はじめに（この世のものを）迎えに参ろうという誓いを起こして、縁ある人々や眷属、友を導くことになるのですから、そのようになるのは決まっていることで、同じ教えの門に入っているのですから、私（蓮位）も心強く思います。

また、親となり、子となるのも、前世の契りというのですから、心強くお思いになることです。この切なさ、尊さは言葉では言い尽くされませんので、筆を置きます。どのようにしたら、私の気持ちをお伝えできましょうか。くわしくは、追って申しあげます。

このお手紙の内容を、親鸞聖人の前で、これでよろしゅうございましょうか、と読み上げましたところ、「これ以上のことは書けないだろう、結構です」、と仰せになりました。ことに、覚信坊の箇所では、御涙をお流しになりました。ほんとうに愛惜の情にうたれておられたのです。

十月二十九日　　蓮位

慶信御房へ

第三二通　ノート

1　加・除・訂正の筆

この消息は、親鸞が送られてきた消息に直接、削除や加筆、訂正をして、さらに「追伸」への返事を余白に書き込んだ上で、手紙の主に返したという珍しいものである。

親鸞がどのような言葉を削除、訂正しているか、あるいは加筆しているか、を丹念に見てゆくと、親鸞の気質や考え方がうかがわれて興味深い（この点は意訳では不十分なので、原文を見てほしい）。

たとえば、書き出しだが、手紙の主である慶信が「経に、『信心歓嘉』と候」(原文は片仮名)と記した文について、親鸞は「経」に「大無量寿」と加えて「大無量寿経」とし、「歓嘉」の「嘉」の誤りを正して「喜」に訂正している。また慶信が「和讃にも」と書いたところに、「華厳経を引て浄土」と加えて、「和讃」が「浄土和讃」であること、しかもその内容が「華厳経」に基づいていることを明瞭にしている。

これからも分かるように、言葉遣いや引用について、親鸞はきわめて厳格であったことがうかがわれる。また「自力」、「恩徳」、「噫」など、加筆した漢字には自らの手で振り仮名をつけているのも、読み手への親切心であるだけではなく、持ち前の厳格さのあらわれとも見ることができよう。

また、内容的に誤解を生むおそれがある表現には、とくに念入りに加筆をしている。以下、いくつか検討しよう。

2 「一念までの」

たとえば、「一念するに往生定て」とある箇所について、親鸞は「するに」を抹消して、「までの」と書き改めて、「一念までの往生定て」としている。

理由は、慶信が「一念義」の誤りに陥らないために、あるいは慶信が「一念義」の人だという誤解を受けないようにするために、という配慮からであろう。当時、すでに紹介したように、一声の念仏で往生が定まるのだから、それ以後の念仏は不要だという「一念義」派と、念仏は多く称えないと往生できないという「多念義」派が論争していたから、一層、この表現について厳格を期したのであろう。

つまり、慶信の「一念するに往生定て」では、一声の念仏で往生が定まるからそれ以上念仏をする必要がない、とも受け取られる危険性がある。これに対して、親鸞はこの「一念」は『大無量寿経』にある「乃至一念」の意味であることをはっきりさせる必要があると考えて、「一念までの往生定て」と書き直した。「乃至」とは一から多までをふくむ言葉で、一声だけということはありえないことになり、「一念・多念」論の誤りも克服できる。

3 「大菩提心」

慶信が「自力の菩提心おこすといゑども、さとりかなはず」と記した文章について、親鸞は、はじめの「自力の」を抹消し、「菩提心」のはじめに「大」を加えて「大菩提心」と改めた。また、そのあとの「さとり」を抹消して「自力」と改めている。つまり「大菩提心おこすといゑども、自力かなはず」、と。どうしてこのような改筆がなされたのか。

親鸞にとって、仏になろうとする決心を示す「菩提心」は、凡夫には発することが不可能な心だと考えられている。もし、凡夫が仏になりたいと願うことがあるとすれば、それは阿弥陀仏が私のなかではたらいている結果なのである。つまり、親鸞からすると、「菩提心」はいつも仏のはたらきなのであるから、「大」の文字を加えて「大菩提心」と表記し、人間が起こす「菩提心」と区別する。前に見た「大信心」も同じことである。したがって、慶信の書いた文章は、親鸞の改筆によって、つぎのような意味になった。「大菩提心」を起こそうとしても、それは自力ではできないことであり、他力の信心によってのみ可能なのだ、と。

4 「一念聞名」

慶信が「此度一念にとげ候ひぬる、うれしさ、御恩のいたり」と書いたところは、「にとげ候ひぬる」を抹消し、「聞名にいたるまで」と書き改められている。

ここも、さきの「一念」の誤解を避けるためだが、「一念に」ではなく、「一念聞名に」とすることによって、慶信の「一念」が「信心」であることをはっきりさせている。「一念聞名」とは一度阿弥陀仏の名を聞いて信じる、ということ。この場合の「一念」

は一度、という度数を示す。一声の念仏ではない。他力の信心を得るという意味。「聞」は単に聞くだけではなく、聞いて信じること。「聞」は「信じる」という意味であることは親鸞がとりわけ強調している点である。

このように親鸞の改筆によって、慶信のいう「うれしさ」が、信心によって生じた「うれしさ」であることが一層はっきりする。

5 「人のためとおぼえられ候」

一度信心を得ると、聖典類も、よき指導者に遇いたいと思うのも、「摂取不捨」も、信も、念仏も、「人のためとおぼえられ候」とあるが、この「人」を自分自身と見るか、「他の人」と見るか、によって解釈の違いが生じる。

私は多屋頼俊の解釈のとおり、「他人」の意味に取りたい。日本語では、「ひと」は、多くの場合、他人のことである。信心を得ると、他人への慈悲の実践が今まで以上に関心の中心を占めるようになるのだ。第三四通の、浄信の「わが身一人のために」のノートをあわせ見てほしい。

なお、「おぼえられ候」が「おぼえられず候」と、否定形になっているテキストもある。間違いであろう。

6　慶信のこと

慶信が親鸞を慕い、親鸞も慶信を信頼していたことは、第三二通でも明らかだが、次に掲載している、侍者の蓮位が代筆した消息を見ると、病をおして親鸞のもとを訪れ、親鸞の下で亡くなったという事実は、両者の信頼関係を見事に示すエピソードといえる。

*蓮位の代筆　ノート

田舎の人々のなかに、「弥勒と等しい」ということをめぐって議論があるらしいから、この際、親鸞がそのことについて書いている文章を引用しておく、というくだりがある。そのなかで「弥勒と等しいということですが云々」と、親鸞の言葉遣いからいえば、「弥勒と同じ」といわねばならない点を「弥勒と等しい」と記している。

こうした混乱は、さきにものべたように、親鸞の場合にもまま見られるが、この場合は蓮位の筆遣いが厳密ではなかったから生じたのではないか、と多屋頼俊は推測している（日本古典文学大系82、二五三頁、補注一四五）。

第三三通　自然と法爾（顕智の聞き書き）　〔古五〕

〔「獲」という文字は、菩薩の位のときに得ることを「獲」という。「得」という文字は、阿弥陀仏になったときに得ることを「得」という。「名」という文字は、菩薩の位にあるときの名を示す。「号」という文字は、阿弥陀仏になったときの名を「号」という〕

「自然《じねん》」という言葉についていうと、「自」は「おのずから」で、念仏者のはからいをいうのではない。「しからしむ」という言葉である。「然」も「しからしむ」という言葉で、念仏者のはからいではない。

「法爾《ほうに》」というのは、如来の御誓いの様子であり、「しからしむる」ということである。「法爾」は、阿弥陀仏の御誓いであるがゆえに、すべて念仏者のはからいのないことをいう。すなわち、「法」の徳のゆえに「しからしむ」というのである。すべて、人間がはからうことがないことをあらためていうのである。このゆえに、「他力には義なきを義とす」と、知るべきでなのある。

「自然」とは、もともと「しからしむ」という言葉である。阿弥陀仏の誓いが、もともと念仏者のはからいではなく、南無阿弥陀仏とお頼み申して、（浄土に）迎えに来てくださるようにはからって下さるので、念仏者が善いとか悪いとか、はからわないことを「自然」というのだと聞いています。

阿弥陀仏の誓いの内容は、(念仏者を)「無上仏《むじようぶつ》」にさせようと誓っておられるのです。「無上仏」といいますのは、形もなくおられることです。形がないので「自然」というのです。形があると示すときには、「無上涅槃」とは申しません。形もなくおられるということを知らせる手段として、あらためて阿弥陀仏というのだ、と聞き習っています。阿弥陀仏は「自然」の様子を知らせるための手段なのです。

この道理を心得たのちは、「自然」について常に議論してはなりません。常に「自然」について議論をすると、「義なきを義とす」ということが、なお「義」のあるようになります。「自然」も「法爾」も、阿弥陀仏の不思議の世界のことなのです。

愚禿《ぐとく》親鸞　八十六歳

〔正嘉二年戊午十二月日、善法房僧都御坊のお住まいである、三条富小路の御寺で聖人にお会いして聞き書きしたもの。そのとき顕智がこれを書きました〕

第三三通　ノート

これは、もともと消息というよりは「法語」と考えられる。末尾には、顕智が京都の親鸞の住居で聞き書きをした、と注記がある。ときに親鸞は八十六歳であった。

この法語は昔から「自然法爾章」と俗称されてきており、内容的にも、親鸞最晩年の境地を示すといわれることが多い。しかし、私の見るところ、それは間違いであろう。「自然法爾」という熟語も親鸞の著述にはない。内容的には、法然から教えられてきた「念仏には義なきを義とす」ということの説明であり、『唯信抄文意』に記されている阿弥陀仏の本質論と同じである。

「自然」も「法爾」も、ともに「他力」のことであり、阿弥陀仏のはたらきをいう。「他力」は「行者のはからひ」ではなく、念仏者にとっては、「おのずとしからしむ」というしかない。それ以外の表現になると、念仏者の「はからい」が加わることになる。それは「義なき」他力を、「義ある」ものと解釈する間違いのもととなろう。

この法語で注目すべきは、阿弥陀仏は「無上仏」を教える手段だとのべている点だろう。仏教では、真理は人間の思惟を超える。しかし、それだけならば、仏教の真理は人間と無関係となる。仏教が教えるのは、この超越的な真理が、どういうわけか、自らを限定して、人間に分かるような姿形をとり、それを通じて、超越的真理の世界へ近づく道を示している点だ。阿弥陀仏も、日常的な言語・思惟を絶しているが、それでも、法蔵菩薩の物語とか、四十八願とか、無量光や無量寿というイメージをもっていて、人間が近づく手だてがある。その意味では、阿弥陀仏は絶対の真理へ導く手段の役割を担っているといってよい。ただし、その絶対の真理が何であるかは、もはや人間の思惟を超えている。まさしく、「つねにさたすべきにはあらざるなり」なのである。

こうした、仏（真如）の二重性は、中国の浄土教思想家・曇鸞《どんらん》が問題にしてきた事柄であり、親鸞はそれを引き継いでいる。

私の、この法語に対する見解は拙著『法然の衝撃』に記しているし、曇鸞の「二種法身」論と親鸞の解釈についても『親鸞・普遍への道』でふれているので、それらにゆずりたい。

第三四通補遺　浄信から親鸞へ　〔古三七〕

*第三四通は、以下の浄信房からの問い合わせへの返事と思われるので、さきにそれを

意訳しておく。

無碍光如来《むげこうにょらい》（阿弥陀仏）の慈悲と光明に受け容れられて救いとられますがゆえに、阿弥陀仏の名を称しつつ「不退の位」（「正定聚《しょうじょうじゅ》」）に定まりました上は、わが身一人のために、阿弥陀仏の「摂取不捨《せっしゅふしゃ》」という救いを、いまさらのように追い求めるべきではないと思われます。

その上、『華厳経』に「この法を聞いて歓び信心して疑いのない者は、速やかに悟りを達成して、諸仏と等しくなる」とあります。また、（『無量寿経』の）第十七願には「十方の無数の諸仏に（阿弥陀仏がわが名を）称揚されたい」とあります。また、阿弥陀仏の本願が成就したことを記した「成就文」には、「十方の数限りない諸仏が阿弥陀仏を誉め讃えていらっしゃる」とあります。いずれも（阿弥陀仏が讃歎されているということですが、私には）信心を得た人のことだと了解します。こうした信心を得た人は、今生においてすでに如来と等しいのだと思われます。このほかのことについては、凡夫の思慮をもちいることはありません、

右の次第について詳しく御教示を蒙りたく存じます。恐々謹言。

浄信

二月十二日

〔古七〕

第三四通　摂取不捨（浄信房）

阿弥陀仏の誓願を信じる心が定まるとき、というのは、「摂取不捨」の恩恵に与るがためにに、「不退の位」に定まることだ、とご理解になってください。真実の信心が定まるというのも、金剛の信心が定まるというのも、「摂取不捨」のためなのです。だからこそ、悟りにいたることができる心が起こる、というのです。このことを、「不退の位」とも、正定聚の位にあるともいい、「等正覚」にいたる、ともいうのです。

この心が定まるのを十方の諸仏がお喜びになって、諸仏の御心と等しい、とお褒めになるのです。このために、まことの信心の人をば、諸仏と等しい、というのです。また、つぎは仏になることが定まっている弥勒菩薩と等しい、ともいうのです。

この世で、真実の信心の人を守護してくださればこそ、『阿弥陀経』には、十方の無数の諸仏が（信心の人を）護念する、とあるのです。安楽浄土に往生した後には、守護するということはありません。娑婆世界にいるからこそ、護念するということになるのです。信心がまことの人の心を、十方の無数の仏がお褒めになるので、仏と等しいというのです。

また、他力ということは、「義なきを義とす」ということです。義ということは、念仏の行者が（阿弥陀仏の誓願をたのまずに）それぞれ自らの考えにしたがうことをいうのです。阿弥陀仏の誓願は（凡夫には）不可思議ですから、それは、仏になったときにはじめて分かることなのです。凡夫の考えの及ばないことなのです。弥勒菩薩をはじめとして、仏の智慧の不思議をはからうことができる人はいません。ですから、阿弥陀仏の誓願を信じるには、「義のないこと」、つまり、人間のはからいを加えないこと、それが「義」、つまり、正しい意味なのです。そのことが、大師・法然聖人の仰せなのです。この心のほかには、往生に必要なことはない、と理解して、日々を過ごされるならば、他人の仰せごとに立ち入る必要はないのです。

親鸞（花押）

浄信御房　御返事

第三四通　ノート

1　「わが身一人のために」

浄信が親鸞に宛てた手紙のはじめの方に、「不退の位に定まりました上は、わが身一人のために云々」と記している箇所がある。同じ内容が第三二通の慶信の親鸞宛の手紙にも見出される。「聖教も……信も、念仏も、自分以外の人々のためにある、と思われるのです」と。それは、ノートに記したように、信心が他人への慈悲の実践として動き出す境地をあらわしていると考えられる。「世を厭うしるし」の一つでもあろう。

それにしても浄信と慶信が、同じ感慨をもち、それを親鸞に問うているのは、偶然であろうか。この点、多屋頼俊は、両人が心底を披瀝して語りあった結果、二人の一致した感慨が正しいのかどうかを親鸞にたずねるにいたったのではないかと推測している（『多屋頼俊著作集』第三巻、二七頁）。私も同感である。こうしたやりとりが本願念仏の新しい展開をうながしていたのであろう。

2　この消息の終わり近くで、「大師・法然上人の仰せ」とのべているが、最晩年になればなるほど、親鸞は法然への敬慕を深め、その教えに回帰してくる。つぎの第三五通も同じであるし、第四〇通にはそれが極まっている。それぞれを玩味してほしい。

第三五通補遺　専信から親鸞へ　〔古三九〕

＊この手紙は、以下の、親鸞宛書簡への返事と考えられるので、はじめにそれを意訳しておく。

ある人がいいますのに、往生の原因となる行為（「業因《ごういん》」）は、ひとたび阿弥陀仏の誓願を信じる心が起こったときにあるのですが、そうなるとなににも遮られることがない阿弥陀仏の光明に摂取され護られるので、どなたの行為も同じなのです。このために、信心について不審をいだくことはなく、今さら信心があるとも、ないとも論じたり、たずねる必要はない、ということです。ですから他力なのです。「義なきがなかの義」ということなのです。ただ、愚かにして智慧のない状態があるだけで、煩悩ばかりが心を覆っている、ということです（こうした考え方は正しいでしょうか）。恐々謹言。

十一月一日　　　専　信　上

第三五通　他力には義なきを義とす　〔古四〇〕

おっしゃるところの往生の原因となる行為（「業因」）についてですが、真実の信心を得るとき、摂取不捨《せっしゅふしゃ》という恵みを蒙るのですから、（その瞬間に）かならず、かならず、阿弥陀仏の誓願のなかに住する、と悲願（の願文）にはあります。つまり、阿弥陀仏は、（第十一願において）「たとえ私が仏になっても、浄土に生まれてくる人間や天人がかならず悟りにいたる位（正定聚）に就き、悟り（滅度）に到達することがなければ、けっして悟りはひらかない」、とお誓いになっています。

信心の人は、（阿弥陀仏の力によって）正定聚（かならず悟りにいたる位）となるのですから、（そこには）念仏者の思慮分別がはたらかないので、「義なきを義とす」ということになり、それが他力ということにほかなりません。わが身が善だから往生できるとか、悪だから往生できない、あるいはわが身が浄いから往生できるとか、穢れているから往生できないという、念仏者の思慮分別を交えないからこそ、「義なきを義とす」

というのです。

第十七願に、「諸仏が私の名を称賛されるように」とお誓いになり、第十八願に、「信心がまことで、もし浄土に生まれないならば、仏にはなるまい」とお誓いになっています。第十七、第十八の悲願がみなまことであるならば、どうして「正定聚」の願だけが無意味でありましょうや。信心の人は、弥勒菩薩と同じ位にお就きになるので、「摂取不捨」とお定めになっているのです。

こうした理由から、他力というのは、念仏者の思慮分別が、いささかも交わらないことなのです。ですから、「義なきを義とす」と申すのです。このほかに加えて申すべきことはありません。ひたすら仏にまかせよ、とは、大師・法然聖人の御言葉であります。

十一月十八日　親鸞

専信御房　御返事までに

弥陀の本願信ずべし
本願信ずるひとはみな
摂取不捨の利益にて

無上覚おばさとるなり

（弥陀の本願を信ぜよ。本願を信ずる人はすべて仏の心に摂め取られる利益によって無上の仏道をさとるのである）（日本古典文学大系82、八九頁、頭注238）。

願力成就の報土《ほうど》には
自力の心行《しんぎょう》いたらねば
大小聖人みな、がら
如来の弘誓《ぐぜい》に乗ずなり

（本願力で成就した弥陀の浄土には、自力の菩提心や修行では往生できないから、大乗小乗の聖人もすべて皆自力を捨てて、如来の本願に乗托するのである）（日本古典文学大系82、八〇頁、頭注190）。

第三五通　ノート

この消息は、専信の質問に直接答えずに、「義なきを義とす」という法然の教えを、自分がいかに了解しているかを端的に吐露している。

また「弥陀の本願信ずべし云々」の和讃は、親鸞が八五歳の二月九日の夜、夢告として得たものである。『正像末和讃』には「ウレシサニカキツケマイラセタルナリ」とある。善鸞事件が落着した翌年のことといわれるから、「ウレシサ」もひとしおのことであったのだろう。夢告を与えた人が誰であるか不明だが、私は法然ではなかったかと推理している。

第三六通　浄土の辺鄙に生まれる（有阿弥陀仏宛）〔古一二〕

おたずねになりました、念仏についての御疑問のことですが、念仏によって浄土に生まれると信じている人が、浄土の辺鄙なところに生まれるといって嫌われているようですが、まったく理解できないことです。そのわけは、阿弥陀仏の本願というのは、名号を称えるものを浄土に迎える、とお誓いになっているのですが、それを深く信じて念仏することが、申し分なく素晴らしいことだからです。

信心があっても、名号を称えないようでは甲斐がありません。また、一向に名号を称えても、信心が浅くては往生は難しいでしょう。ですから、念仏によって浄土に生まれるのだ、と深く信じて、しかも、名号を称えることこそ、明らかに浄土に生まれることなのです。所詮、名号を称えるといっても、他力本願を信じないようでは、浄土の辺鄙なところに生まれることになるのでしょう。本願他力を深く信じる仲間は、どうして、浄土の辺鄙なところに生まれることになるのでしょうか（そういうことはないのです）。

この子細を、十分にご理解になって、御念仏なさってください。

私は、今は、すっかり歳を取ってしまいましたので、きっと、先だって往生することになるでしょうから、浄土でかならず、かならず、お待ち申し上げます。あなかしこ、あなかしこ。

七月十三日　親鸞

有阿弥陀仏へ　御返事

第三六通　ノート

年老いた親鸞は、信頼する門弟に対して、先立てば、必ず浄土で待つ、と記している。かねて親鸞は、往生ということは、生理的に死を迎えてあの世へ生まれるということではなく、信心を得た後のことをいう、と説いてきたが、一方では、常識的に、浄土を死後の世界と受けとめて、先立った人にはそこで再会することを期し、遅れてくる人には待っているから安心して浄土への道を辿ってくるように、と誘っている。親鸞にとって浄土とは、あくまでも仏となる場所であり、死者との再会を楽しみにする場所ではない。だが、心情的には、伝統的にこうした他界への憧憬が親鸞の心底にも生きていたのであろう。さきにふれた曇鸞《どんらん》の「二種法身」論のような教理的で、抽象的な議論ではなく、常識的で、人情に即した浄土の観念があってこそ、こうした文面が可能であったと考えられる。微笑ましいことではないか。

第三七通　二尊のはからい（「しのぶの御房」宛）　〔古一三〕

おたずねになられた「摂取不捨《せっしゅふしゃ》」のことですが、善導大師が「般舟三昧行道往生讃《はんじゅざんまいぎょうどうおうじょうさん》」のなかで仰せになっているのを見ますと、釈迦如来と阿弥陀仏は、私たちの父母で、さまざまな手段を講じて、私たちの無上の信心をおひらきになり、起こしてくださる、とありすので、まことの信心が定まることとは、釈迦と阿弥陀仏の御はからい、と思われます。

浄土に生まれる心に疑いが混じることがないようになるのは、(阿弥陀仏に)摂取されたため、とあります。阿弥陀仏に摂取されたのですから、いずれにせよ、念仏する者が自分の思慮分別を加えないようにするべきなのです。

浄土に生まれるまでは、「不退の位」に就いておられるのですから、「正定聚の位」(にある)と名づけておいでになるのです。

まことの信心を、釈迦如来と阿弥陀仏の二尊の御はからいで発起せしめてくださる、とありますから、信心が定まるということは、阿弥陀仏の摂取を蒙る時、ということなのです。その後は、「正定聚」の位にあって、真実の浄土に生まれるまでをすごす、とあります。

ともかくも、念仏する者の思慮分別を、塵ばかりも加えることがあってはならない、とありますことこそ、他力ということなのです。あなかしこ、あなかしこ。

十月六日　　親鸞(花押)

しのふの御房へ　御返事

第三七通　ノート

この消息は親鸞の真筆が残っている。宛先の「しのふの御房」はよく分からない。多屋頼俊は「しのふ」は地名で、他のテキストでは「真仏」となっているから、「真仏」が「しのふ」という場所にいたのではないか、と推測している。そして、名前で呼ぶよりも地名でよぶ方が親しみをあらわすことが多かったとも注記している（日本古典文学大系82、二五五頁、補注一五五）。

第三八通　浄土で待つ（高田の入道）

〔古四四〕

閏十月一日のお手紙、たしかに拝見しました。かくねんぼうの御事、あれこれと、切なく存じます。親鸞が先立つであろうと、（浄土往生を）待っておりましたのに、先立たれてしまわれましたこと、言葉もありません。

かくしんぼうも、昨年ごろに（亡くなりましたが）、かならず、かならず、先立ちてお待ちになっておられることでしょう。かならず、かならず、参上いたすことですから、申すに及ばないことです。

かくねんぼうの仰せの子細は、少しも愚老と変わるところがおありではありませんでしたから、かならず、かならず、同じところへご一緒に参ることになるでしょう。明年の十月のころまでも、生きていますならば、この世でお会いできることはたしかです。入道殿の御心も、少しもお変わりになっておられませんので、私が先立ちましても、同じ浄土でお待ちしております。

人々の御志、たしかに、たしかに頂戴いたしました。なにごとも、なにごとも、命があります間は、お手紙をお出しします。また、仰せをお聞きいたします。このお手紙をご覧くださることこそ、ことにうれしく思います。中途半端に言葉で申しますのも、欠けるところがあるようです。なおまた、追って申し上げます。あなかしこ、あなかしこ。

閏十月二十九日　　親鸞（花押）

たかだの入道殿へ　御返事

第三八通　ノート

1　二人の「かくねんぼう」

この消息には「かくねんぼう」と記されている二人の人物が登場する。消息のはじめに出てくる、親鸞がその死を悼んでいる「かくねんぼう」は「覚念房」のことであり、信心の了解が親鸞と同じだと褒められているのは「覚然房」のことである。

「覚念房」は、親鸞とは年来親しいつき合いがあったかなり年輩の人物の可能性がある。一方、「覚然房」は、親鸞の著述の書写につとめた人物で、草稿本『正像末和讃』の表紙には「釈覚然」の袖書があるという（宮崎圓遵『親鸞とその門弟』、一三三頁、一三七頁）。いずれも、高田門徒であった。

「かくしんぼう」は前出の「覚信」のことである。

2　「たかだの入道」

高田派の伝承によると、「高田の入道」は、下野真壁城主大内国時のことで、真仏の叔父に当たるともいう。一説には顕智のことだともいわれている。覚念や覚然、覚信らとともに高田門徒の中心人物の一人であったのだろう（宮崎圓遵、前掲書、一三五頁）。

「たかだの入道」が、右の人物三人について親鸞に知らせるところがあって、この返書が書かれたのであろう。まことにうるわしい師弟の情愛が溢れた消息といえる。

3 「閏十月二十九日」

この日付は正元元年親鸞八十七歳の書状と見られる（宮崎圓遵、前掲書、一三四頁）。そうなると、現存真蹟書簡としては最後のものとなる。

第三九通　十二光仏について（唯信房宛）　〔古三三〕

人々がおたずねになっている十二光仏の子細については、書き記してお送りいたしました。詳しくお書きすることもありませんので、不十分ですが書き記してあります。結局は、無碍光仏と申しあげることを根本となさってくださいますように。無碍光仏は、すべてのものの、ひどい悪にも妨げられることなく、お助けくださるために、無碍光仏と申すのだ、とお教えになっているのです。あなかしこ、あなかしこ。

十月二十一日

唯信御房へ　御返事

第三九通　ノート

1　「十二光仏」

阿弥陀仏の別名である。『大無量寿経』に以下の十二が挙げられている。無量光、無辺光、無碍光、無対光、焔王光、清浄光、歓喜光、智慧光、不断光、難思光、無称光、超日月光、である。親鸞はこのなかで「無碍光仏」の名を一番尊重した。

親鸞最後の著述は十二光仏の一一について説明を加えた「弥陀如来名号徳」で一二六〇（文応元）年十二月二日の日付がある。第四〇通の乗信房宛書簡におくれること二十日であるが、内容は、自らが編集した法然の語録『西方指南抄』の冒頭にある「光明功徳」とほぼ同じで、最後の著述が師・法然のものであったことに心動く。

2　「唯信坊」

直弟子として、常陸の奥郡と会津に同名のものが一人ずついた。また、孫弟子にも同名の者が二人いるので、正確には分からない。

〔古六〕

第四〇通　愚者になって往生する（乗信房宛）

なによりも、去年と今年、老少男女、多くの方が、あの人もこの人も亡くなられたことこそ、哀しいことです。ただし、生死の無常である道理は、くわしく仏がかねてお説きになっていることですから、驚き思し召すことではありません。

まず、善信（親鸞のこと）の身の上から申せば、臨終の際の善し悪しは問題にはなりません。信心が定まった人は、（浄土に生まれることに）疑いがないので、すでに「正定聚」の位に住していることになります。ですから、愚痴無智の人も、安んじて亡くなってゆくことができるのです。

阿弥陀仏の御はからいによって往生するのだと、人々に申された由、少しも間違ってはいません。年来、（私が）おのおの方に申していたことは、今も変わってはいません。けっして、学者めいた議論をされることなく、往生をお遂げになってくださるように。

故法然聖人が「浄土宗の人は愚者になって往生するのだ」と仰っておられたこと、たしかに承っておりました。その上、世間のものごとも十分にわきまえない、どうかと思われる人々が訪れたのをご覧になって、「浄土に生まれるのはまちがいがない」といって、微笑まれたのをこの目で見ました。学問をした、いかにも賢そうな人がやってきたときには、「往生はどうであろうか」と仰せになったのを、たしかに承りました。今にいたるまで、思い合わせられるのです。人々に言いくるめられずに、御信心を動揺させられることなく、おのおの、御往生をお遂げになって下さい。

ただし、人に言いくるめられずとも、信心が定まっていない人は、「正定聚」に住されることのない、心の定まらない人です。

乗信房に、このように申しました内容を、ほかの人々にもお話し下さい。あなかしこ、あなかしこ。

文応元年十一月十三日　　　　善信　八十八歳

乗信御房へ

このお手紙の真跡は、坂東下野国おほうちの庄高田にある、と云々。

第四〇通　ノート

1　年代が分かる最後の消息

「文応元年十一月十三日」は親鸞八十八歳。これ以後、二通の消息があるが、年月は不明である。

2　飢饉の年

消息にある「こぞ」(去年、一二五九〈正元元〉年)も、「ことし」(今年、一二六〇〈文応元〉年)も、天変地異が連続し、とくに正元元年は全国的な大飢饉であったという(日本古典文学大系82、二二四頁、頭注二)。文字通り、「老少男女、おほくのひと〴〵のしにあひて候らんことこそあはれにさふらへ」という状況であった。

3　「愚者になりて往生す」

親鸞の法然への敬慕は年とともに深まったが、日付の分かる最後の消息おいても、はるかな昔の法然の言葉と様子が昨日のように思い出されて記されている。親鸞が法然の門下であったのは、一二〇一年から一二〇七年までであった。この消息が書かれたのは、一二六〇年であるから、半世紀を超える年月が経過している。にもかかわらず、この筆致のなんと感動的なことか。

専修念仏へ関心をよせたおびただしい人々が、多くの場合、この「愚者になる」ということができずに躓いていった。専修念仏は、ひたすら阿弥陀仏の誓願を信じて念仏することに尽きる。それをもっともよくするのは「愚者」なのである。自らに自信のある間は、信心も念仏も開かれない。中世も現代も専修念仏の前に立ちはだかる壁は同じなのである。

第四一通　常陸の人々へ　（「今御前の母」宛）

〔古四六〕

…………………（切封）

御返事

（親鸞の花押）

常陸の人々の御中へ、この手紙（つぎの第四二通のこと）をお見せになってください。（自分の考えは）少しも変わっていません。この手紙以上のものはありませんから、この手紙を常陸の人々が（お読みになれば）、私と同じ心でいらっしゃることでしょう。あなかしこ、あなかしこ。

十一月十一日

（親鸞の花押）

いまごぜんの母に

第四二通　いまごぜんのははとそくしょうぼうのこと（「常陸の人々」宛）

〔古四七〕

このいまごぜんの母は、頼りとする方もなく、（私が）所領をもっていれば、譲りもするのですが。所詮、（私が）死ねば、常陸の人々も気の毒に思ってくださることでありましょう。この手紙をご覧になってください。このように常陸の人々をお頼み申し上げているので、あらかじめ人々にも申しおいておきますから、哀れと互いに思い合ってください。この手紙をかならずご覧ください。

このそくしょうぼうも、生活してゆくすべもないものですから、なにを言い残しておいてよいのか。わが身は思い通りにならず、やりきれないのはこのこと（そくしょうぼうのこと）ばかりで、いつも同じことです。

さて、（このことは）そくしょうぼうにも申しおいていません。常陸の人々だけが、このものどものことを哀れみあってくださることでしょう。気の毒なことと、人々が互いに哀れにお思いになってくださいますように。

この手紙で人々が同じお気持ちになってくださいますように。あなかしこ、あなかしこ。

十一月十二日　　善信（花押）

常陸の人々の御中へ

…………（切封）

常陸の人々の御中へ

第四一通と第四二通　ノート

これらは、親鸞の「遺言状」ともいわれる、親鸞最晩年、場合によると亡くなる直前の筆だと考えられる消息である。というのも、第四一通は十一月十一日、第四二通は十一月十二日の日付をもつが、それが一二六二（弘長二）年だとすれば、その年の十一月二十八日に親鸞は亡くなっているからだ。しかも、筆跡も乱れがちであり、内容も哀調を帯びている。「遺言状」とよばれる所以であろう。いずれも真蹟が残されている。

1　「いまごぜんの母」

「今御前の母」と漢字を当てているが、どのような人物なのか、詳細は不明である。ただ、「遺言状」のかたちで親鸞がその前途を案じているのは、尋常の関係ではないとおもわれるから、従来、種々の推理がなされてきた。たとえば、彼女は親鸞の京都時代の妻であったとか、常陸で結婚した女性であるとか、である。

そのなかで私が関心をもつのは、宮崎圓遵の説（「「いまこせんのは、」私見」『親鸞とその門弟』所収）である。宮崎は、「いまごぜん」は「そくしょうぼう」の妻だったと考えている。つまり、越後に流罪となった親鸞は、ある女性と家庭をもち一子（「そくしょうぼう」）をもうけたが、その妻はまもなく死去したので、恵信尼と再婚した。親鸞一家は、その後常陸へ移住するが、その際、「そくしょうぼう」も同道した。彼は、常陸で成長してその地の女性と結婚したが、その女性が「いまごぜん」だというのである。親鸞一家が京都へ戻った際にも、「そくしょうぼう」夫妻は同道した。また、「いまごぜん」の母も一緒ではなかったか、と宮崎は推測する。だが、「いまごぜん」は、母に先立って没したと考えられる。そこで、「そくしょうぼう」が妻の母の面倒をみなくてはならなくなったが、生活力がなく、困った母は将来を親鸞に相談した。それへの返事が第四一通ではないかという。

2　「そくしょうぼう」

宮崎圓遵によれば、「そくしょうぼう」（即生房）は親鸞の実子であり、長男だと考えられている。だが、現存の系図ではその名前はない。他の文献によると、「そくしょうぼう」はのちに常陸に下向し、そこで没したという（宮崎圓遵「親鸞の生涯」『親鸞聖人』所収、徳間書店、一五五頁）。

親鸞からの手紙原文

第一通 〔古四二〕

ゆづりわたすいや女事

みのかわりをとらせて、せうあみだ仏がめしつかう女なり。しかるを、せうあみだ仏、ひむがしの女房にゆづりわたすものなり。さまたげをなすべき人なし。ゆめ〱わづらいあるべからず。のちのためにゆづりぶみをたてまつるものなり。あなかしこ〱。

寛元元年癸卯十二月廿一日　(親鸞の花押)

第二通 〔古二〕

来迎《らいかう》は諸行往生《しよぎやうわうじやう》にあり。自力《じりき》の行者《ぎやうじや》なるがゆへに。臨終《りんじゆ》といふことは、諸行往生《しよぎやうわうじやう》のひとにいふべし。いまだ真実《しんじち》の信心《しんじむ》をえざるがゆへなり。また、十悪五逆《じふあくごぎやく》の罪人《ざいにん》のはじめて善《ぜん》知識《ぢしき》にあふて、すゝめらるゝときにいふことばなり。真実信心《しんじちしんじむ》の行人《ぎやうにん》は、摂取不捨《せふしゆふしや》のゆへに、正定聚《しやうぢやうじゆ》のくらゐに住《ぢゆ》す。このゆへに、臨終《りんじゆ》をまつことなし、来迎《らいかう》をたのむことなし。信心《しんじむ》のさだまるとき、往生《わうじやう》また、さだまるなり。来迎《らいかう》の儀式《ぎしき》をまたず。正念《しやうねん》といふは、本《ほん》弘誓願《ぐぜいぐわん》の信楽《しんげう》さだまるをいふなり。この信心《しんじむ》をうるゆへに、かならず無上涅槃《むじやうねちはん》にいたるなり。この信心《しんじむ》を一心《ゐちしむ》といふ。この一心《ゐちしむ》を金剛心《こむがうしむ》といふ。この金剛心《こむがうしむ》を大菩提心《だいぼだいしむ》といふなり。これすなはち他力《たりき》のなかの他力なり。また、正念《しやうねむ》といふにつきてふたつあり。ひとつには定心《ぢやうしむ》の行人《ぎやうにん》の正念《しやうねむ》、ふたつには散心《さんじむ》の行人《ぎやうにん》の正念《しやうねむ》あるべし。このふたつの正念《しやうねむ》は、他力《たりき》のなかの自力《じりき》の正念《しやうねむ》なり。定散《ぢやうさん》の善《ぜん》は、諸行往生《しよぎやうわうじやう》のことばにおさまるなり。この善《ぜん》は、他力《たりき》のなかの自力《じりき》の善《ぜん》なり。この自力《じりき》の行人《ぎやうにん》は、来迎《らいかう》をまたずしては、辺地《へんぢ》・胎生《たいしやう》・懈慢界《けまんがい》までもむまるべからず。このゆへに、第十九《だいじふく》の誓願《せいぐわん》に、諸善《しよぜん》をして浄土《じやうど》に廻向《ゑかう》して往生《わうじやう》せんとねがふひとの臨終《りんじゆ》には、われ現《げん》じてむかへんとちかひたまへり。臨終《りんじゆ》をまつことと、来《らい》迎往生《かうわうじやう》といふことは、この定心散心《ぢやうしむさんじむ》の行者《ぎやうじや》のいふことなり。選択本願《せんぢやくほんぐわん》は有念《うねむ》にあらず、無《む》念《ねむ》にあらず。有念《うねむ》はすなはち、いろ・かたちをおもふについていふことなり。無念《むねむ》といふは、かたちをこゝろにかけず、いろをこゝろにおもはずして、念《ねむ》もなきをいふなり。これみな聖《しやう》道《だう》のをしへなり。聖道《しやうだう》といふは、すでに仏《ぶち》になりたまへるひとの、われらがこころをすゝめんがために、仏心宗《ぶちしむしゆ》・真言宗《しんごんしゆ》・法華宗《ほふくゑしゆ》・華厳宗《くゑごむしゆ》・三論宗等《さむろんしゆとう》の大乗至極《だいじようしごく》の教《けう》なり。仏心宗《ぶちしむしゆ》といふは、この世にひろまる禅宗《ぜんしゆ》これなり。また法相宗《ほふさうしゆ》・成実宗《じやうじちしゆ》・倶舎宗等《くしやしゆとう》の権教小乗等《ごんけうせうじようとう》の教《けう》なり。これみな聖道門《しやうだうもん》なり。権教《ごんけう》といふは、すなはちすでに仏《ぶち》になりたまへる仏《ぶち》・菩《ぼ》薩《さち》のかりにさま〴〵のかたちをあらはしてすゝめたまふがゆへに権《ごん》といふなり。浄土宗《じやうどしゆ》にまた有《う》念《ねむ》あり、無《む》念《ねむ》あり。有《う》念《ねむ》は散善《さんぜん》の義《ぎ》、無《む》念《ねむ》は定善《ぢやうぜん》の義《ぎ》なり。浄土《じやうど》の無《む》念《ねむ》は聖道《しやうだう》の無《む》念《ねむ》にはにず。また、この聖道《しやうだう》の無《む》念《ねむ》のなかに、また有《う》念《ねむ》あり。よく〳〵とふべし。浄土宗《じやうどしゆ》のなかに真《しん》あり仮《け》あり。真《しん》といふは選択本願《せんぢやくほんぐわん》なり。仮《け》といふは定散二善《ぢやうさんにぜん》なり。選択本願《せんぢやくほんぐわん》は浄土真宗《じやうどしんしゆ》なり。定散二善《ぢやうさんにぜん》は方便仮門《はうべんけもん》なり。浄土真宗《じやうどしんしゆ》は大乗《だいじよう》のなかの至極《しごく》なり。方便仮門《はうべんけもん》のなかにまた大小権実《だいせうごんじち》の教《けう》あり。釈迦如来《しやかによらい》の御善知識《ごぜんぢしき》者一百一十人《はゐちひやくゐちじふにん》なり。華厳経《くゑごむぎやう》にみえたり。

南無阿弥陀仏《なもわあみだぶち》。

建長三歳辛亥閏九月廿日《けんちやうさむさいかのとのゐうるふくぐわちはつか》

愚禿親鸞七十九歳

第三通

〔古二〕

方々《かた〴〵》よりの御《おん》こゝろざしのものども、かずのまゝにたしかにたまはりさふらふ。明教房《みやうけうばう》ののぼられてさふらふこと、ありがたきことにさふらふ。かたがたの御《おん》こゝろざし、まふしつくしがたくさふらふ。明法御房《みやうほふのおんばう》の往生《わうじやう》のこと、をどろきまふすべきにはあらねども、かへす〴〵うれしくさふらふ。鹿嶋《かしま》・なめかた・奥郡《あうぐん》、かやうの往生《わうじやう》ねがはせたまふひと〴〵の、みなの御《おん》よろこびにてさふらふ。また、ひらつかの入道殿《にふだうどの》の御往生《ごわうじやう》のこと、ききさふらふこそ、かへす〴〵まふすにかぎりなくおぼえさふらへ。めでたさまふしつくすべくもさふらはず。をの〳〵みな、往生《わうじやう》は一定《ぢやう》とおぼしめすべし。さりながらも、往生《わうじやう》をねがはせたまふひと〴〵の御《おん》なかにも、御《おん》こゝろえぬこともさふらひき。いまもさこそさふらふらめとおぼえさふらふ。京《きやう》にもこゝろえずして、やう〳〵にまどひあふてさふらふめり。くに〴〵にもおほくきこえさふらふ。法然聖人《ほふねんしやうにん》の御弟子《おんでし》のなかにも、われはゆゝしき学生《がくしやう》など、おもひあひたるひと〴〵も、この世《よ》には、みなやう〳〵に法文《ほふもん》をいひかへて、身《み》もまどひ、ひとをもまどはして、わづらひあふてさふらふめり。聖教《しやうげう》のをしへをもみず、しらぬ、をの〳〵のやうにおはしますひと〴〵は、往生《わうじやう》にさはりなしとばかりいふをききて、あしざまに御《おん》こゝろえあること、おほくさふらひき。いまもさこそさふらふらめとおぼえさふらふ。浄土《じやうど》の教《けう》もしらぬ信見房《しんけんばう》なんどがまふすことによりて、ひがざまに、いよ〳〵なりあはせたまひさふらふらんをききさふらふこそあさましくさふらへ。まづ、をの〳〵の、むかしは弥陀《みだ》のちかひをもしらず、阿弥陀仏《わあみだぶち》をもまふさずさふらひしが、釈迦《しやか》・弥陀《みだ》の御方便《ごはうべん》にもよほされて、いま弥陀《みだ》のちかひをもききはじめておはします身《み》にてさふらふなり。もとは無明《むみやう》のさけにゑひふして、貪欲《とんよく》・瞋恚《しんい》・愚痴《ぐち》の三毒《さむどく》をのみ、このみめしあふてさふらひつるに、仏《ぶち》の御《おん》ちかひをききはじめしより、無明《むみやう》のゑひも、やう〳〵すこしづゝさめ、三毒《さむどく》をもすこしづゝこのまずして、阿弥陀仏《わあみだぶち》のくすりをつねにこのみめす身《み》となりておはしましあふてさふらふぞかし。しかるに、なをゑひもさめやらぬに、かさねてゑひをすゝめ、毒《どく》もきえやらぬに、なを毒《どく》をすゝめられさふらふらんこそ、あさましくさふらへ。煩悩具足《ぼむなうぐそく》の身《み》なればとて、こゝろにまかせて、身《み》にも、すまじきことをもゆるし、くちにも、いふまじきことをもゆるし、こゝろにも、おもふまじきことをもゆるして、いかにも、こゝろのまゝにてあるべしとまふしあふてさふらふらんこそ、かへす〴〵不便《ふびん》におぼえさふらへ。ゑひもさめぬさきに、なをさけをすゝめ、毒《どく》もきえやらぬにいよ〳〵毒《どく》をすゝめんがごとし。くすりあり、毒《どく》をこのめとさふらふらんことは、あるべくもさふらはずとぞおぼえ候。仏《ぶち》の御名《みな》をもきき、念仏《ねむぶち》をもまふして、ひさしくなりておはしまさんひと〴〵は、このよのあしきことをいとふしるし、この身《み》のあしきことをいとひすてんとおぼしめすしるしもさふらふべしとこそ、おぼえさふらへ。はじめて仏《ぶち》のちかひをきゝはじむるひと〴〵のわが身《み》のわろく、こゝろのわろきをおもひしりて、この身《み》のやうにては、なんぞ往生《わうじやう》せんずるといふひとにこそ、煩悩具足《ぼむなうぐそく》したる身《み》なれば、わがこゝろのよしあしをばさたせず、むかへたまふぞ、とはまふしさふらへ。かくきてのち、仏《ぶち》を信《しん》ぜんとおもふこゝろふかくなりぬるには、まことにこの身《み》をもいとひ、流転《るてん》せんことをもかなしみて、ふかくちかひをも信《しん》じ、阿弥陀仏《わあみだぶち》をもこのみまふしなんどするひとは、もとこそ、こゝろのまゝにてあしきことをもおもひ、あしきことをもふるまひなむどせしかども、いまは、さやうのこゝろをすてむとおぼしめしあはせたまはゞこそ、世《よ》をいとふしるしにてもさふらはめ。また往生《わうじやう》の信心《しんじむ》は、釈迦《しやか》・弥陀《みだ》の御《おん》すゝめによりておこるとこそみえてさふらへば、さりとも、まことのこゝろおこらせたまひなんには、いかゞむかしの御《おん》こゝろのまゝにては候べき。この御《おん》なかのひと〴〵も、少々《せう〳〵》はあしきさまなることのきこえ候めり。師《し》をそしり、善知識《ぜんぢしき》をかろしめ、同行《どうぎやう》をもあなづりなんどしあはせたまふよしきこえ候こそ、あさましく候へ。すでに謗法《はうぼふ》のひとなり、五逆《ごぎやく》のひとなり。なれむつぶべからず。浄土論《じやうどろん》とまふすふみには、かやうのひとは、仏法信《ぶちほふしん》ずるこゝろのなきより、このこゝろはおこるなりと候めり。また、至誠心《しじやうしむ》のなかには、かやうに悪《あく》をこのまんには、つゝしんでとをざかれ、ちかづくべからずとこそとかれて候へ。善知識《ぜんぢしき》・同行《どうぎやう》にはしたしみちかづけとこそときをかれて候へ。悪《あく》をこのむひとにもちかづきなんどすることは、浄土《じやうど》にまいりてのち、衆生利益《しゆじやうりやく》にかへりてこそ、さやうの罪人《ざいにん》にもしたしみちかづくことは候へ。それもわがはからひにはあらず、弥陀《みだ》のちかひにより、かの御《おん》たすけによりてこそ、おもふさまのふるまひもさふらはんずれ。当時《たうじ》は、この身《み》どものやうにては、いかゞ候べかるらんとおぼえ候。よく〳〵案《あん》ぜさせたまふべく候。往生《わうじやう》の金剛心《こむがうしむ》のおこることは、仏《ぶち》の御《おん》はからひよりおこりて候へば、金剛心《こむがうしむ》をとりて候はんひとは、よも師《し》をそしり、善知識《ぜんぢしき》をあなづりなんどすることは候はじとこそおぼえ候へ。このふみをもて、かしま・なめかた・南《みなみ》の庄《しやう》、いづかたも、これにこゝろざしおはしまさんひとには、おなじ御《おん》こゝろに、よみきかせたまふべく候。あなかしこ〳〵。

建長四年壬子八月十九日　　親鸞

第四通　〔古二〇〕

御《おん》ふみ、たび〳〵まいらせさふらひき。御覧《ごらん》ぜずやさふらひけん。なにごとよりも、明法御房《みやうほふのおんばう》の往生《わうじやう》の本意《ほんい》とげておはしましさふらふこそ、常陸国《ひたちのくに》うちの、これにこゝろざしおはしますひと〴〵の御《おん》ために、めでたきことにてさふらへ。往生《わうじやう》は、ともかくも凡夫《ぼむぶ》のはからひにてすべきことにてもさふらはず。めでたき智者《ちしや》もはからふべきことにもさふらはず。大小《だいせう》の聖人《しやうにん》だにも、ともかくもはからはで、たゞ願力《ぐわんりき》にまかせてこそおはしますことにてさふらへ。ましてをの〳〵のやうにおはしますひと〴〵は、たゞこのちかひありときゝ、南無阿弥陀仏《なもわあみだぶち》にあひまいらせたまふこそ、ありがたく、めでたくさふらふ御果報《ごくわほう》にてはさふらふなれ。とかくはからはせたまふこと、ゆめ〳〵さふらふべからず。さきにくだしまいらせさふらひし、唯信鈔《ゆいしんせう》、自力他力《じりきたりき》などのふみにて、御覧《ごらん》さふらふべし。それこそ、この世《よ》にとりては、よきひと〴〵にておはします。すでに往生《わうじやう》をもしておはしますひと〴〵にてさふらへば、そのふみどもにかゝれてさふらふには、なにごとも〳〵すぐべくもさふらはず。法然聖人《ほふねんしやうにん》の御《おん》をしへを、よく〳〵御《おん》こゝろえたるひと〴〵にておはしますにさふらひき。さればこそ、往生《わうじやう》もめでたくしておはしましさふらへ。おほかたは、としごろ念仏《ねむぶち》まふしあひたまふひと〴〵のなかにも、ひとへにわがおもふさまなることをのみまふしあはれて候ひと〴〵もさふらひき。いまもさぞさふらふらんとおぼえさふらふ。明《みやう》法房《ほふばう》などの往生《わうじやう》しておはしますも、もとは不可思議《ふかしぎ》のひがごとをおもひなんどしたるこゝろをもひるがへしなんどしてこそさふらひしか。われ往生《わうじやう》すべければとて、すまじきことをもし、おもふまじきことをもおもひ、いふまじきことをもいひなどすることは、あるべくもさふらはず。貪欲《とんよく》の煩悩《ぼむなう》にくるはされて、欲《よく》もおこり、瞋恚《しんい》の煩悩《ぼむなう》にくるはされて、ねたむべくもなき因果《いんぐわ》をやぶるこゝろもおこり、愚痴《ぐち》の煩悩《ぼむなう》にまどはされて、おもふまじきことなどもおこるにてこそさふらへ。めでたき仏《ぶち》の御《おん》ちかひのあればとて、わざと、すまじきことどもをもし、おもふまじきことどもをも、おもひなどせんは、よく〳〵この世《よ》のいとはしからず、身《み》のわろきことを、おもひしらぬにてさふらへば、念仏《ねむぶち》にこゝろざしもなく、仏《ぶち》の御《おん》ちかひにもこゝろざしのおはしまさぬにてさふらへば、念仏《ねむぶち》せさせたまふとも、その御《おん》こゝろざしにては、順次《じゆんじ》の往生《わうじやう》もかたくやさふらふべからん。よく〳〵このよしをひと〴〵にきかせまいらせさせたまふべくさふらふ。かやうにもまふすべくもさふらはねども、なにとなく、この辺《へん》のことを御《おん》こゝろにかけあはせたまふひと〴〵にておはしましあひてさふらへば、かくもまふしさふらふなり。この世《よ》の念仏《ねむぶち》の義《ぎ》はやう〳〵にかはりあふてさふらふめれば、とかくまふすにをよばずさふらへども、故聖人《こしやうにん》の御《おん》をしへを、よく〳〵うけたまはりておはしますひと〴〵は、いまも、もとのやうに、かはらせたまふことさふらはず。世《よ》かくれなきことなれば、きかせたまひあふてさふらふらん。浄土宗《じやうどしゆ》の義《ぎ》、みなかはりておはしましあふてさふらふひと〴〵も、たゞ聖人《しやうにん》の御弟子《おんでし》にてさふらへども、やう〳〵に義《ぎ》をもいひかへなどして、身《み》もまどひ、ひとをもまどはかしあふてさふらふめり。あさましきことにてさふらふなり。京《きやう》にも、おほくまどひあふてさふらふめり。ましてゐなかはさこそ候らめと、こゝろにくゝもさふらはず。なにごともまふしつくしがたくさふらふ。また〳〵まふしさふらふべし。

この明教房《みやうけうばう》ののぼられてさふらふこと、まことにありがたきこと、おぼえさふらふ。明法御房《みやうほふのおんばう》の御往生《ごわうじやう》のことを、まのあたりききさふらふも、うれしくさふらふ。ひと〴〵の御こゝろざしもありがたくおぼえさふらふ。かた〴〵、このひと〴〵ののぼり、不思議のことにさふらふ。このふみを、たれ〴〵にも、おなじこゝろに、よみきかせたまふべくさふらふ。このふみは奥郡《あうぐん》におはします同朋《どうぼう》の御《おん》なかに、みなおなじく御覧《ごらん》さふらふべし。

あなかしこ〳〵。としごろ念仏《ねむぶち》して往生《わうじやう》をねがふしるしには、もとあしかりしわがこゝろをもおもひかへして、とも同朋《どうぼう》にもねんごろのこゝろのおはしましあはゞこそ、世《よ》をいとふしるしにてもさふらはめとこそおぼえさふらへ。よく〳〵御《おん》こゝろえさふらふべし。

〔古二二〕

善知識《ぜんぢしき》をおろかに思《おも》ひ、師《し》をそしるものおば、謗法《はうぼふ》のものと申也《まふすなり》。おやをそしるものおば五逆《ごぎやく》のものとまふすなり。同座《どうざ》をせざれと候也《なり》。されば、きたのごほりに候しぜんじようばうは、おやをのり、善信《ぜんしん》をやう〳〵にそしり候しかば、ちかづきむつまじくおもひ候はで、ちかづけず候き。明法御房《みやうほふのおんばう》の往生《わうじやう》の事《こと》をききながら、そのあとをおろかにせん人《ひと》は、その同法《どうぼふ》にあらず候べし。無明《むみやう》のさけにゑうたる人《ひと》に、いよ〳〵ゑいをすゝめ、三毒《さむどく》をひさしくこのみくう人《ひと》に、いよ〳〵毒《どく》をゆるして、このめと申あふて候らん、不便《ふびん》の事《こと》に候。無明《むみやう》のさけにゑうたるかなしみ、三毒《さむどく》をこのみくうて、いまだ毒《どく》もうせはてず、無明《むみやう》のゑいもいまださめやらぬ身《み》にておはしましあふて候ぞかし。よく〳〵御《おむ》こゝろえられ候べし。何事《なにごと》も申つくしがたく候。又〳〵申べし。あなかしこ〳〵。

親鸞

第五通

〔古一七〕

なによりも、聖教《しやうげう》のをしへをもしらず、また浄土宗《じやうどしゆ》のまことのそこをもしらずして、不《ふ》可思議《かしぎ》の放逸無慚《ほういちむざん》のものどものなかに、悪《あく》はおもふさまにふるまふべし、とおほせられさふらふなるこそ、かへす〲あるべくもさふらはず。北《きた》の郡《こほり》にありし善乗房《ぜんじようばう》といひしものに、つゐにあひむつるゝことなくてやみにしをばみざりけるにや。凡夫《ぼむぶ》なればとて、なにごともおもふさまならば、ぬすみをもし、ひとをもころしなんどすべきかは。もと、ぬすみごゝろあらんひとも、極楽《ごくらく》をねがひ、念仏《ねむぶち》をまふすほどのことになりなば、もとひがうだるこゝろをも、おもひなをしてこそあるべきに、そのしるしもなからんひと〲に、悪《あく》くるしからずといふこと、ゆめ〱あるべからずさふらふ。煩悩《ぼむなう》にくるはされて、おもはざるほかに、すまじきことをもふるまひ、いふまじきことをもいひ、おもふまじきことをもおもふにてこそあれ。さはらぬことなればとて、ひとのためにもはらぐろく、すまじきことをもし、いふまじきことをもいはゞ、煩悩《ぼむなう》にくるはされたる義《ぎ》にはあらで、わざと、すまじきことをもせば、かへす〲あるまじきことなり。鹿島《かしま》・なめかたのひと〲のあしからんことをば、いひとゞめ、その辺《へん》のひと〲の、ことにひがふだることをば制《せい》したまはゞこそ、この辺《へん》よりいできたるしるしにてはさふらはめ。ふるまひは、なにともこゝろにまかせよと、いひつるとさふらふらん、あさましきことにさふらふ。この世《よ》のわろきをもすて、あさましきことをもせざらんこそ、世《よ》をいとひ、念仏《ねむぶち》まふすことにてはさふらへ。としごろ念仏《ねむぶち》するひとなんどの、ひとのためにあしきことをもし、またいひもせば、世《よ》をいとふしるしもなし。されば善導《ぜんだう》の御《おん》をしへには、悪《あく》をこのむひとをば、つゝしんでとをざかれとこそ、至誠心《しじやうしむ》のなかにはをしへをかせおはしましてさふらへ。いつか、わがこゝろのわろきにまかせてふるまへとはさふらふ。おほかた経釈《きやうしやく》をもしらず、如来《にょらい》の御《おん》ことをもしらぬ身《み》に、ゆめ〳〵その沙汰あるべくも候はず。あなかしこ〳〵。

また往生《わうじやう》はなにごとも〳〵凡夫《ぼむぶ》のはからひならず、如来《にょらい》の御《おん》ちかひにまかせまいらせたればこそ、他力《たりき》にてはさふらへ。やう〳〵にはからひあふてさふらふらん、をかしくさふらふ。あなかしこ〳〵。

十一月廿四日　親鸞

第六通〔古二五〕

なにごとよりは、如来《にょらい》の御本願《ごほんぐわん》のひろまらせたまひてさふらふこと、かへすぐ〳〵、めでたくうれしくさふらふ。そのことに、をの〳〵、ところ〴〵に、われはといふことをおもふて、あらそふこと、ゆめ〳〵あるべからずさふらふ。京《きやう》にも、一念多念《ゐちねむたねむ》なんどまふす、あらそふことのおほくさふらふやうにあること、さら〳〵さふらふべからず。たゞ詮《せん》ずるところは、唯信鈔《ゆいしんせう》、後世物語《ごせものがたり》、自力他力《じりきたりき》、この御文《おんふみ》どもをよく〳〵つねにみて、その御《おん》こゝろにたがへずおはしますべし。いづかたのひと〴〵にも、このこゝろをおほせられさふらふべし。なをおぼつかなきことあらば、今日までいきてさふらへば、わざともこれへたづねたまふべし。また便《びん》にもおほせたまふべし。鹿島《かしま》・行方《なめかた》そのならびのひと〴〵にも、このこゝろをよく〳〵おほせらるべし。一念多念《ゐちねむたねむ》のあらそひなんどのやうに、詮《せん》なきこと、論《ろん》じごとをのみまふしあはれてさふらふぞかし。よく〳〵つゝしむべきことなり。あなかしこ〳〵。

かやうのことをこゝろえぬひと〴〵は、そのことゝなきことをまふしあはれてさふらふぞ。よく〳〵つゝしみたまふべし。かへす〴〵。

二月三日　　親鸞

〔古二八〕

第七通

まづ、よろづの仏《ぶち》・菩薩《ぼさち》をかるしめまいらせ、よろづの神祇《じんぎ》・冥道《みやうだう》をあなづりすてたてまつると申事、この事ゆめ〳〵なき事也《なり》。世々《せゝ》生々《しやう〴〵》に無量無辺《むりやうむへん》の諸仏《しよぶち》・菩薩《ぼさち》の利益《りやく》によりて、よろづの善《ぜん》を修行《しゆぎやう》せしかども、自力《じりき》にては、生死《しやうじ》をいでずありしゆへに、曠劫多生《くわうごふたしやう》のあひだ、諸仏《しよぶち》・菩薩《ぼさち》の御《おむ》すゝめによりて、今《いま》、まうあひがたき弥陀《みだ》の御《おむ》ちかひにあひまいらせて候御恩《ごおむ》をしらずして、よろづの仏《ぶち》・菩薩《ぼさち》をあだにまふさむは、ふかき御恩《ごおむ》をしらず候べし。仏法《ぶちほふ》をふかく信《しん》ずる人《ひと》おば、天地《てんぢ》におはしますよろづの神《かみ》は、影《かげ》の形《かたち》にそえるがごとくして、まもらせ給事にて候へば、念仏《ねむぶち》を信《しん》じたる身《み》にて、天地《てんぢ》のかみをすて申さんとおもふ事、ゆめ〳〵なき事也《なり》。神祇等《じんぎとう》だにもすてられ給はず、何況《いかにいはむや》、よろづの仏《ぶち》・菩薩《ぼさつ》をあだにもまふし、おろかにおもひまいらせ候べしや。よろづの仏をおろかにまふさば、念仏を信《しん》ぜず、弥陀《みだ》の御名《みな》をとなえぬ身《み》にてこそ候はんずれ。詮《せん》ずるところは、そら事《ごと》を申し、僻事《ひがごと》を、ことにふれて、念仏《ねむぶち》の人《ひと》〴〵《ぐ》におほせられつけて、念仏をとゞめむと、所《ところ》の領家《りやうけ》・地頭《ぢとう》・名主《みやうしゆ》の御計共《おむはからひども》の候覧事《らんこと》、よく〳〵やうあるべき事也《なり》。其故《そのゆへ》は、釈迦如来《しやかによらい》のみことには、念仏する人《ひと》をそしるものおば「名無眼人《みやうむげんにん》」ととき、「名無耳《みやうむに》人《にん》」とおほせおかれたる事に候。善導和尚《ぜんだうくわしやう》は、

五濁増時多疑謗《ごぢよくぞうじたぎはう》　道俗相嫌不用聞《だうぞくさうけんふようもん》　見有修行起瞋毒《けんうしゆぎやうきしんどく》　方便破壊競生怨《はうべんはゑきやうしやうおむ》

とたしかに釈《しやく》しをかせ給たり。このよのならひにて、念仏をさまたげむ人《ひと》は、そのところの領家《りやうけ》・地頭《ぢとう》・名主《みやうしゆ》のやうある事にてこそ候はめ。とかく申べきにあらず。念仏せむ人《ひと》

〲は、かのさまたげをなさん人《ひと》をば、あわれみをなし、不便《ふびん》におもふて、念仏《ねむぶち》おもねむごろに申て、さまたげなさむをたすけさせ給べしとこそ、ふるき人《ひと》は申され候しか。よく〱御《おむ》たづねあるべき事也《なり》。つぎに念仏せさせ給人《ひと》〲の事《こと》、弥陀《みだ》の御《おむ》ちかひは、煩悩具《ぼむなうぐ》足《そく》の人《ひと》のためなりと信《しん》ぜられ候は、めでたきやうなり。たゞし、わるきもの丶ためなりとて、ことさらに僻事《ひがごと》をこゝろにもおもひ、身《み》にも口《くち》にもまふすべしとは、浄土宗《じやうどしゆ》にまふすことならねば、人《ひと》〲にもかたる事候はず。おほかたは、煩悩具足《ぼむなうぐそく》の身《み》にて、こゝろおもとゞめがたく候《さふらひ》ながら、往生をうたがはずせんと、おぼしめすべしとこそ、師《し》も善知識《ぜんぢしき》もまふす事にて候に、かゝるわるき身《み》なれば、僻事《ひがごと》をことさらにこのみて、念仏の人《ひと》〲のさわりとなり、師《し》のためにも、善知識《ぜんぢしき》のためにも、とがとなさせ給べしと申事は、ゆめ〱なき事也。弥陀《みだ》の御《おむ》ちかひにまうあひがたくしてあひまいらせて、仏恩《ぶちおむ》を報《ほう》じまいらせむとこそおぼしめすべきに、念仏をとゞめらる丶事にさたしなされて候覧《らん》こそ、返々《かえすぐ》こゝろえず候。あさましき事に候。人《ひと》〲のひがざまに御《おむ》こゝろえどもの候ゆへに、あるべくもなき事どもきこえ候。申ばかりなく候。たゞし、念仏《ねむぶち》のひと、ひがごとをまふしさふらはゞ、その身《み》ひとりこそ、地獄《ぢごく》にもをち、天魔《てんま》ともなりさふらはめ。よろづの念仏者《ねむぶちしや》のとがになるべしとはおぼえずさふらふ。よくよく御《おん》はからひどもさふらふべし。なを〱念仏《ねむぶち》せさせたまふひと〲、よく〱この文を御覧《ごらん》じとかせたまふべし。あなかしこ

〱。

九月二日

念仏人々御中《ねむぶちのひと〴〵おんなかへ》

親鸞

第八通

〔古二九〕

ふみかきてまいらせさふらふ。このふみをひと〴〵にもよみてきかせたまふべし。遠江《とをたうみ》の尼御前《あまごぜん》の御《おん》こゝろにいれて御沙汰《ごさた》さふらふらん。かへす〴〵めでたくあはれにおぼえさふらふ。よく〱京《きやう》よりよろこびまふすよしをまふしたまふべし。信願坊《しんぐわんばう》がまふすやう、かへす〴〵不便《ふびん》のことなり。わるき身《み》なればとて、ことさらにひがごとをこのみて、師《し》のため、善知識《ぜんぢしき》のためにあしきことを沙汰《さた》し、念仏《ねむぶち》のひと〴〵のために、とがとなるべきことをしらずは、仏恩《ぶちおん》をしらず、よく〱はからひたまふべし。また、ものにくるふて死《しに》けんひとのことをもちて、信願房《しんぐわんばう》がことを、よしあしとまふすべきにはあらず。念仏《ねむぶち》するひとの死《し》にやうも、身《み》よりやまひをするひとは、往生《わうじやう》のやうをまふすべからず。こゝろよりやまひをするひとは、天魔《てんま》ともなり、地獄《ぢごく》にもをつることにてさふらふべし。こゝろよりをこるやまひと、身《み》よりおこるやまひとは、かはるべければ、こゝろよりをこりて死《し》ぬるひとのことを、よく〱御《おん》はからひさふらふべし。信願坊《しんぐわんばう》がまふすやうは、凡夫《ぼむぶ》のならひなれば、わるきこそ本《ほん》なればとて、おもふまじきことをこのみ、身《み》にもすまじきことをし、口《くち》にもいふまじきことをまふすべきやうにまふされさふらふこそ、信願坊《しんぐわんばう》がまふしやうとはこゝろえずさふらふ。往生《わうじやう》にさはりなければとて、ひがごとをこのむべしとは、まふしたることさふらはず。かへす〲〱こゝろえずおぼえさふらふ。詮《せん》ずるところ、ひがごとまふさんひとは、その身《み》ひとりこそともかくもなりさふらはめ。すべてよろづの念仏者《ねむぶちしや》のさまたげとなるべしとはおぼえずさふらふ。また、念仏《ねむぶち》をとゞめんひとは、そのひとばかりこそ、いかにもなりさふらはめ、よろづの念仏《ねむぶち》するひとのとがとなるべしとはおぼえずさふらふ。

五濁増時多疑謗《ごぢよくぞうじたぎはう》　道俗相嫌不用聞《だうぞくさうけんふようもん》　見有修行起瞋毒《けんうしゆぎやうきしんどく》　方便破壊競生怨《はうべんはゑきやうしやうをむ》

と、まのあたり善導《ぜんだう》の御《おん》をしへさふらふぞかし。釈迦如来《しやかによらい》は「名無眼人《みやうむげんにん》、名無耳人《みやうむににん》」ととかせたまひてさふらふぞかし。かやうなるひとにて、念仏《ねむぶち》をもとどめ、念仏者《ねむぶちしや》をもにくみなんどすることにてもさふらふらん。それは、かのひとをにくまずして、念仏《ねむぶち》をひとぐ〱まふして、たすけんとおもひあはせたまへとこそおぼえさふらへ。あなかしこ〱。

九月二日　親鸞

慈信坊《じしんばう》　御返事《おんへんじ》

入信坊《にふしんばう》、真浄坊《しんじやう》、法信坊《ほふしん》にも、このふみをよみきかせたまふべし。かへす〴〵不便《ふびん》のことにさふらふ。性信坊《しやうしんばう》には、春《はる》のぼりてさふらひしによく〳〵まふしてさふらふ。くげどのにも、よく〳〵よろこびまふしたまふべし。このひと〴〵のひがごとをまふしあふてさふらへばとて、道理《だうり》をばうしなはれさふらはじとこそおぼえさふらへ。世間《せけん》のことにも、さることのさふらふぞかし。領家《りやうけ》・地頭《ぢとう》・名主《みやうしゆ》のひがごとすればとて、百姓《ひやくしやう》をまどはすことはさふらはぬぞかし。仏法《ぶちほふ》をばやぶるひとなし。仏法者《ぶちほふしや》のやぶるにたとへたるには、師子《しし》の身中《みのうち》の虫《むし》の師子《しし》をくらふがごとしとさふらへば、念仏者《ねむぶちしや》をば仏法者《ぶちほふしや》のやぶりさまたげさふらふなり。よく〳〵こゝろえたまふべし。なを〳〵、御《おん》ふみにはまふしつくすべくもさふらはず。

第九通　〔古二〕

かさまの念仏者《ねむぶちしや》のうたがひとわれたる事

それ、浄土真宗のこゝろは、往生の根機《こんき》に他力あり、自力あり。このことすでに天竺の論家《ろんげ》、浄土の祖師《そし》のおほせられたることなり。まづ、自力と申ことは、行者のおの〳〵の縁にしたがひて、余《よ》の仏号を称念し、余の善根《ぜんごん》を修行して、わがみをたのみ、わがはからひのこゝろをもて、身《しん》・口《く》・意《い》のみだれ、こころをつくろい、めでたうしなして、浄土へ往生せむとおもふを自力と申なり。また、他力と申ことは、弥陀如来の御ちかひの中に、選択摂取《せんぢやくせふしゆ》したまへる第十八の念仏往生の本願を信楽《しんげう》するを他力と申なり。如来の御ちかひなれば、他力には義なきを義とすと、聖人のおほせごとにてありき。義といふことは、はからうことばなり。行者のはからひは自力なれば義といふなり。他力は本願を信楽《しんげう》して、往生必定《ひちぢやう》なるゆへに、さらに義なしとなり。しかれば、わがみのわるければ、いかでか如来むかへたまはむ、とおもふべからず。凡夫はもとより煩悩具足したるゆへに、わるきものとおもふべし。また、わがこゝろよければ往生すべしとおもふべからず。自力の御はからいにては、真実の報土へむまるべからざるなり。行者のおの〳〵の自力の信にては、懈《け》慢《まん》・辺地《へんぢ》の往生、胎生《たいしやう》・疑城《ぎじやう》の浄土までぞ往生せらるゝことにてあるべきとぞ、うけたまはりたりし。第十八の本願成就《じやうじゆ》のゆへに、阿弥陀如来とならせたまひて、不可思議の利益《りやく》きわまりましまさぬ御かたちを、天親菩薩《てんじんぼさち》は尽十方《じんじふぱう》無碍《むげ》光如来《くわうにょらい》とあらわしたまへり。このゆへに、よき・あしき人をきらはず、煩悩のこゝろをえらばず、へだてずして、往生はかならずするなりとしるべしとなり。しかれば、恵心院《ゑしむゐん》の和尚《くわしやう》は往生要集には、本願の念仏を信楽《しんげう》するありさまをあらわせるには、「行住坐臥《ぎやうぢゆざぐわ》をえらばず、時処諸縁《じしよしよゑん》をきらわず」とおほせられたり。真実の信心をえたる人は、摂取のひかりにおさめられまいらせたりと、たしかにあらわせり。しかれば無明煩悩《むみやうぼむなう》を具して、安養浄土に往生すれば、かならず、すなわち無上仏果《むじやうぶちくわ》にいたると、釈迦如来ときたまへり。しかるに五濁悪世《ごぢよくあくせ》のわれら、釈迦一仏のみことを信受《しんじゆ》せむことありがたかるべしとて、十方恒沙《じふぱうごうじや》の諸仏、証人とならせたまふと、善導和尚《ぜんだうくわしやう》は釈したまへり。釈迦・弥陀・十方の諸仏、みなおなじ御こゝろにて、本願念仏の衆生には、かげのかたちにそえるがごとくして、はなれたまはず、とあかせり。しかれば、この信心の人を、釈迦如来は、わがしたしきともなりとよろこびまします。この信心の人を、真の仏弟子といへり。この人を正念に住する人とす、この人は、摂取してすてたまはざれば、金剛心をえたる人と申なり。この人を上上人《じやうじやうにん》とも、好人《かうにん》とも、妙好人《めうかうにん》とも、最勝人《さいしようにん》とも、希有人《けうにん》ともまふすなり。この人は正定聚《しやうぢやうじゆ》のくらゐにさだまれるなり、としるべし。しかれば弥勒仏《みろくぶち》とひとしき人とのたまへり。これは真実信心をえたるゆへに、かならず真実の報土に往生するなりとしるべし。この信心をうることは、釈迦・弥陀・十方諸仏の御方便よりたまはりたるとしるべし。しかれば諸仏の御おしえをそしることなし、余の善根《ぜんごん》を行《ぎやう》ずる人をそしることなし。この念仏する人をにくみ、そしる人おも、にくみそしることあるべからず、あわれみをなし、かなしむこゝろをもつべしとこそ、聖人はおほせごとありしか。あなかしこ〳〵。仏恩のふかきことは、懈慢・辺地に往生し、疑城・

胎宮《たいぐ》に往生するだにも、弥陀の御ちかひのなかに、第十九・第廿の願の御あわれみにてこそ、不可思議のたのしみにあふことにて候へ。仏恩のふかきこと、そのきわもなし。いかにいはんや、真実の報土へ往生して、大涅槃《だいねちはん》のさとりをひらかむこと、仏恩よく〳〵御安ども候べし。これ、さらに性信坊《しやうしんばう》・親鸞がはからひ申にはあらず候。ゆめ〳〵。

建長七歳乙卯十月三日

愚禿親鸞八十三歳書之

第一〇通

〔古三〇〕

九月廿七日の御文《おむふみ》、くはしく見《み》候ぬ。さては御《おむ》こゝろざしの銭《ぜん》、五貫文、十一月九日、給《たまはり》て候。さては、ゐなかの人《ひと》〴〵、みな、年来《ねむらい》念仏せしはいたづら事にてありけりとて、かた〴〵、人〴〵《ひとぐ》、やう〳〵に申なる事こそ、返々不便《かえすぐふびん》の事にて、きこえ候へ。やう〳〵のふみどもをかきてもてるを、いかにみなして候やらん。返々《かえすぐ》おぼつかなく候。慈信坊《じしんばう》のくだりて、わがきゝたる法文《ほふもん》こそまことにてはあれ、ひごろの念仏は皆《みな》いたづら事なりと候へばとて、おほぶの中太郎《ちうたらう》のかたのひと〴〵は、九十なむ人《にん》とかや、みな慈信坊《じしんばう》のかたへとて、中太郎入道《ちうたらうにふだう》をすてたるとかやきゝ候。いかなるやうにて、さやうには候ぞ。詮《せん》ずるところ、信心《しんじむ》のさだまらざりけるとき〻候。いかやうなる事にて、さほどにおほくの人《ひと》〴〵《ぐ》のたぢろぎ候覧《らん》。不便《ふびん》のやうとき〻候。又《また》、かやうのきこえなむど候へば、そらごともおほく候べし。又《また》、親鸞《しんらん》も偏頗《へんぱ》あるもののとき〻候へば、ちからをつくして、唯信鈔《ゆいしんせう》、後《ご》世物語《せものがたり》、自力他力《じりきたりき》の文《ふみ》のこ〻ろども、二河《にが》の譬喩《ひゆ》なむどかきて、かた〴〵へ、人〴〵《ひとぐ》にくだして候も、みな、そらごとになりて候ときこえ候は、いかやうにす〻められたるやらん。不可思議《ふかしぎ》のことゝき〻さふらふこそ、不便《ふびん》にさふらへ。よく〳〵きかせたまふべし。あなかしこあなかしこ。

十一月九日　　　　親鸞

慈信御坊《じしんのおんばう》

真仏坊《しんぶちばう》、性信坊《しやうしんばう》、入信坊《にふしんばう》、このひと〴〵のことうけたまはりさふらふ。かへす〴〵なげきおぼえさふらへども、ちからをよばずさふらふ。また、余《よ》のひと〴〵のおなじこ〻ろならずさふらふらんも、ちからをよばずさふらふ。ひと〴〵のおなじこ〻ろならずさふらへば、とかくまふすにをよばず。いまはひとのうへもまふすべきにあらずさふらふ。よく〳〵こ〻ろえたまふべし。

親鸞

慈信御坊《じしんのおんばう》

第一一通

〔古一八〕

他力《たりき》のなかには自力《じりき》とまふすことは候と、きゝさふらひき。他力《たりき》のなかにまた他力《たりき》とまふすことは、きゝさふらはず。他力《たりき》のなかに自力《じりき》とまふすことは、雑行雑修《ざふぎやうざふしゆ》・定心念仏《ぢやうしむねむぶち》・散心念仏《さんじむねむぶち》をこゝろにかけられてさふらふ人々《ひとびと》は、他力《たりき》のなかの自力《じりき》のひとびとなり。他力《たりき》のなかにまた他力《たりき》とまふすことは、うけたまはりさふらはず。なにごとも専信房《せんしんばう》のしばらくゐたらんとさふらへば、そのときまふしさふらふべし。あなかしこ〳〵。

銭弐拾貫文、慥々《たしかに〳〵》給《たまはりさふらふ》候。穴賢々々《あなかしこ〳〵》。

十一月廿五日　　親鸞

真仏御坊《しんぶちのおんばう》　御返事《おんへんじ》

第一二通

〔古四三〕

このゐん仏ばう、くだられ候。こゝろざしのふかく候ゆへに、ぬしなどにもしられ申さずして、のぼられて候ぞ。こゝろにいれて、ぬしなどにもおほせられ候べく候。この十日のよ、せうまうにあふて候。この御ばうよく〳〵たずね候て候なり。こゝろざしありがたきやうに候ぞ。さだめて、このやうは申され候はんずらん。よく〳〵きかせ給べく候。なにごとも〳〵いそがしさに、くはしう申さず候。あなかしこ〳〵。

十二月十五日　　（親鸞の花押）

真仏御房へ

第一三通　〔古二七〕

護念坊《ごねむばう》のたよりに、教忍御坊《けうにんごばう》より銭二百文《ぜにひやくもん》、御《おん》こゝろざしのもの、たまはりてさふらふ。さきに念仏《ねむぶち》のすゝめのもの、かた〴〵の御なかよりとて、たしかにたまはりて候き。人《ひと》〴〵によろこび申させ給べく候。この御返事《おむへんじ》にて、おなじ御《おむ》こゝろに申させ給べくさふらふ。さてはこの御《おむ》たづね候事《こと》は、まことによき御《おむ》うたがひどもにて候べし。まづ一念《ゐちねむ》にて、往生の業因《ごふいん》はたれりと申候は、まことに、さるべき事にて候べし。さればとて、一念《ゐちねむ》のほかに念仏をまふすまじき事には候はず。そのやうは唯信鈔《ゆいしんせう》にくはしく候。よく〳〵御覧《ごらん》候べし。一念《ゐちねむ》のほかにあまるところの念仏は、十方《じふぱう》の衆生《しゆじやう》に廻向《ゑかう》すべしと候も、さるべき事にて候べし。十方《じふぱう》の衆生《しゆじやう》に廻向《ゑかう》すればとて、二念三念せんは、往生《わうじやう》にあしき事《こと》とおぼしめされ候はゞ、ひが事《ごと》にて候べし。念仏往生《ねむぶちわうじやう》の本願《ほんぐわん》とこそおほせられて候へば、おほく申さんも、一念《ねむ》一称《しよう》も往生《わうじやう》すべしとこそ、承《うけたまはり》て候へ。かならず、一念《ゐちねむ》ばかりにて往生すといひて、多念《たねむ》をせんは、往生《わうじやう》すまじきと申事は、ゆめ〳〵あるまじき事也《なり》。唯信鈔《ゆいしんせう》をよく〳〵御覧《ごらん》候べし。又《また》、有念無念《うねむむねむ》と申事は、他力《たりき》の法文《ほふもん》にあらぬ事にて候。聖道門《しやうだうもん》に申事にて候也《なり》。皆《みな》、自力聖道《じりきしやうだう》の法文也《ほふもんなり》。阿弥陀如来《あみだによらい》の選択本願念仏《せんぢやくほんぐわんねむぶち》は、有念《うねむ》の義《ぎ》にもあらず、無《む》念《ねむ》の義《ぎ》にもあらずと申候也《なり》。いかなる人《ひと》申候とも、ゆめ〳〵もちゐさせ給べからず候。聖《しやう》道《だう》に申事をあしざまにきゝなして、浄土宗《じやうどしゆ》に申にてぞ候覧《らん》。更〳〵《さら〳〵》ゆめ〳〵もちゐさせ給まじく候。又慶喜《またきやうき》と申候事は、他力《たりき》の信心《しんじむ》をえて、往生《わうじやう》を一定《ゐちぢやう》してんずとよろこぶこゝろを申也《なり》。常陸国中《ひたちのくにうち》の念仏者《ねむぶちしや》のなかに、有念無念《うねむむねむ》の念仏沙汰《ねむぶちざた》のきこえ候は、僻事《ひがごと》に候と申候《さふらひ》にき。たゞ詮《せん》ずるところは、他力《たりき》のやうは、行者《ぎやうじや》のはからひにてはあらず候へば、有《う》念《ねむ》にあらず、無念《むねむ》にあらずと申事を、あしうきゝなして、有念無念《うねむむねむ》なんど申候けるとおぼえ候。弥陀《みだ》の選択本願《せんぢやくほんぐわん》は、行者《ぎやうじや》のはからひの候はねばこそ、ひとへに他力《たりき》とは申事にて候へ。一念《ゐちねむ》こそよけれ、多念《たねむ》こそよけれなんど申事も、ゆめ〳〵あるべからず候。猶々《なほ〳〵》、一《ゐち》念《ねむ》のほかにあまるところの御念仏《おむねむぶち》を、法界衆生《ほふかいしゆじやう》に廻向《ゑかう》すと候は、釈迦《しやか》・弥陀如来《みだによらい》の御恩《ごおむ》を報《ほう》じまいらせむとて、十方衆生《じふぱうしゆじやう》に廻向《ゑかう》せられ候らんは、さるべく候へども、二念《ねむ》三念《ねむ》まふして往生せん人《ひと》を僻事《ひがごと》とは候べからず。よく〳〵唯信抄《ゆいしんせう》を御覧《ごらん》候べし。念仏往生《ねむぶちわうじやう》の御《おむ》ちかひなれば、一念十念《ゐちねむじふねむ》も、往生は僻事《ひがごと》にあらずとおぼしめすべきなり。あなかしこ〳〵。

十二月廿六日　　　　　　　　　　　　　　親鸞

教忍御坊御返事《けうにんのおむばうのおむへんじ》

第一四通　〔古二四〕

宝号経《ほうがうきやう》にのたまはく、弥陀《みだ》の本願《ほんぐわん》は行《ぎやう》にあらず、善《ぜん》にあらず、たゞ仏名《ぶちみやう》をたもつなり。名号《みやうがう》はこれ善《ぜん》なり、行《ぎやう》なり。行《ぎやう》といふは、善《ぜん》をするについていふことばなり。本願《ほんぐわん》はもとより仏《ぶち》の御約束《おんやくそく》とこゝろえぬるには、善《ぜん》にあらず、行《ぎやう》にあらざるなり。かるがゆへに他力《たりき》とまふすなり。本願《ほんぐわん》の名号《みやうがう》は能生《のうしやう》する因《いん》なり。能生《のうしやう》の因《いん》といふはすなはちこれ父《ちゝ》なり、大《だい》悲《ひ》の光明《くわうみやう》はこれ所生《しよしやう》の縁《えん》なり。所生《しよしやう》の縁《えん》といふは、すなはちこれ母《はゝ》なり。

第一五通　〔古三一〕

さては念仏《ねむぶち》のあひだのことによりて、ところせきやうにうけたまはりさふらふ。かへす〴〵こゝろぐるしくさふらふ。詮《せん》ずるところ、そのところの縁《ゑん》ぞつきさせたまひさふらふらん。念仏《ねむぶち》をさへらるなんどまふさんことに、ともかくもなげきおぼしめすべからずさふらふ。念仏《ねむぶち》とゞめんひとこそ、いかにもなりさふらはめ。まふしたまふひとはなにかくるしくさふらふべき。余《よ》のひと〴〵を縁《ゑん》として、念仏《ねむぶち》をひろめんとはからひあはせたまふこと、ゆめ〳〵あるべからずさふらふ。そのところに念仏《ねむぶち》のひろまりさふらはんことも、仏《ぶち》天《てん》の御《おん》はからひにてさふらふべし。慈信坊《じしんばう》がやう〳〵にまふしさふらふなるによりて、ひと〴〵も、御《おん》こゝろどものやう〳〵にならせたまひさふらふよし、うけたまはりさふらふ。かへす〴〵不便《ふびん》のことにさふらふ。ともかくも、仏天《ぶちてん》の御《おん》はからひにまかせまいらせさせたまふべし。そのところの縁《ゑん》つきておはしましさふらはゞ、いづれのところにてもうつらせたまひさふらふておはしますやうに御《おん》はからひさふらふべし。慈信坊《じしんばう》がまふしさふらふことをたのみおぼしめして、これよりは、余《よ》のひとを強縁《がうゑむ》として、念仏《ねむぶち》ひろめよとまふすこと、ゆめ〳〵まふしたることさふらはず。きはまれるひがごとにてさふらふ。この世《よ》のならひにて、念仏《ねむぶち》をさまたげんとせんことは、かねて仏《ぶち》のときをかせたまひてさふらへば、おどろきおぼしめすべからず。やう〳〵に慈信坊《じしんばう》がまふすことを、これよりまふしさふらふと御《おん》こゝろえさふらふ、ゆめ〳〵あるべからずさふらふ。法門《ほふもん》のやうも、あらぬさまにまふしなしてさふらふなり。御耳《おんみゝ》にきゝいれらるべからずさふらふ。きはまれるひがごとどものきこえさふらふ。あさましくさふらふ。入信坊《にふしんばう》なんども不便《ふびん》におぼえさふらふ。鎌倉《かまくら》にながゐしてさふらふらん。不便《ふびん》にさふらふ。当時《たうじ》、それもわづらふべくてぞ、さてもさふらふらん。ちからをよばずさふらふ。奥郡《あうぐん》のひと〴〵の慈信坊《じしんばう》にすかされて、信心《しんじむ》みなうかれあふておはしましさふらふなること、かへす〴〵あはれにかなしふおぼえさふらふ。これもひと〴〵をすかしまふしたるやうにきこえさふらふこと、かへす〴〵あさましくおぼえさふらふ。それも日《ひ》ごろ、ひと〴〵の信《しん》のさだまらずさふらひけることのあらはれてきこえさふらふ。かへす〴〵不便《ふびん》にさふらひけり。慈信坊《じしんばう》がまふすことによりて、ひと〴〵の日《ひ》ごろの信《しん》のたぢろぎあふておはしましさふらふも、詮《せん》ずるところは、ひと〴〵の信心《しんじむ》のまことならぬことのあらはれてさふらふ。よきことにてさふらふ。それを、ひと〴〵はこれよりまふしたるやうにおぼしめしあふてさふらふこそ、あさましくさふらへ。日《ひ》ごろやう〴〵の御《おん》ふみどもを、かきもちておはしましあふてさふらふ甲斐《かひ》もなくおぼえさふらふ。唯信鈔《ゆいしんせう》、やうやうの御文《おんふみ》どもは、いまは詮《せん》なくなりてさふらふとおぼえさふらふ。よく〴〵かきもたせたまひてさふらふ法門《ほふもん》は、みな詮《せん》なくなりてさふらふなり。慈信《じしん》坊《ばう》にみなしたがひて、めでたき御《おん》ふみどもは、すてさせたまひあふてさふらふときこえさふらふこそ、詮《せん》なくあはれにおぼえさふらへ。よく〴〵唯信鈔《ゆいしんせう》、後世物語《ごせものがたり》なんどを御覧《ごらん》あるべくさふらふ。年《とし》ごろ、信《しん》ありとおほせられあふてさふらひけるひと〴〵は、みなそらごとにてさふらひけりときこえさふらふ。あさましくさふらふ〴〵。なにごとも〴〵また〴〵まふしさふらふべし。

正月九日　　親鸞

真浄御坊《しんじやうのおんばう》

第一六通　〔古三四〕

諸仏称名《しよぶちしようみやう》の願《ぐわん》と申《まふし》、諸仏咨嗟《しよぶちししや》の願と申候《まふしさふらふ》なるは、十方衆生《じふぱうしゆじやう》をす丶めむためときこえたり。又、十方衆生の疑心をとゞめむれうときこへ候。弥陀経の十方諸仏の証誠《しようじやう》のやうにてきこへたり。せむずるところは、方便の御誓願と信じまいらせて候。念仏往生の願は、如来の往生廻向《わうさうゑかう》の正業正因《しやうごふしやういん》なりとみえて候。まことの信心あるひとは、等正覚《とうしやうがく》の弥勒とひとしければ、如来とひとしとも諸仏のほめさせたまひたりとこそきこへて候へ。また、弥陀の本願を信じ候《さふらひ》ぬるうへには、義なきを義とすとこそ、大師聖人《だいししやうにん》のおほせにて候へ。かやうに義の候らんかぎりは、他力にはあらず、自力なりときこへて候。又、他力とまふすは、仏智不思議《ぶちちふしぎ》にて候なる、ときに煩悩具足の凡夫の無上覚《むじやうかく》のさとりをえ候なることは、仏と仏との御はからひなり、さらに行者のはからひにあらず、しかれば義なきを義とすと候なり。義とまふすことは、自力のひとのはからひをまふすなり。他力には、しかれば、義なきを義とすとさふらふなり。このひと〳〵のおほせのやうは、これにはつや〳〵としらぬことにてさふらへば、とかくまふすべきにあらず候。また、来《らい》の字は、衆生利益《しゆじやうりやく》のためには、きたるとまふす、方便なり。さとりをひらきては、かへるとまふす。ときにしたがひて、きたるとも、かへるとも、まふすとみへて候。なにごとも〳〵、また〳〵まふし候べく候。

二月廿五日　　親鸞

慶西御坊《きやうさいのおんばう》　御返事

第一七通　〔古九〕

御《おん》ふみくはしくうけたまはり候ぬ。さてはこの御不審《ごふしん》、しかるべしともおぼえず候。そのゆへは、誓願《せいぐわん》・名号《みやうがう》とまふして、かはりたること候はず候。誓願《せいぐわん》をはなれたる名号《みやうがう》も候はず。名号《みやうがう》をはなれたる誓願《せいぐわん》も候はず候。かくまふし候もはからひにて候なり。たゞ誓願《せいぐわん》を不思議《ふしぎ》と信《しん》じ、また名号《みやうがう》を不思議《ふしぎ》と一念信《ゐちねむしん》じとなへつるうへは、何条《なんでう》わがはからひをいたすべき。ききわけ、しりわくるなど、わづらはしくはおほせ候やらん。これみなひがごとにて候なり。たゞ不思議《ふしぎ》と信《しん》じつるうへは、とかく御《おん》はからひあるべからず候。往生《わうじやう》の業《ごふ》には、わたくしのはからひはあるまじく候なり。あなかしこ〳〵。たゞ如来《によらい》にまかせまいらせおはしますべく候。あなかしこ〳〵。

五月五日　　親鸞

教名御房

このふみをもて、ひと〴〵にもみせまいらせさせたまふべく候。他力《たりき》には義《ぎ》なきを義《ぎ》とはまふし候なり。

第一八通　〔古一〇〕

仏智《ぶちち》不思議《ふしぎ》と信《しん》ずべき事

御ふみくはしくうけ給候ぬ。さては、ごほうもんのごふしんに、一念発起《ゐちねむほちき》信心《しんじむ》のとき、無碍《むげ》の心光《しんくわう》にせうごせられまいらせ候ゆへ、つねに浄土《じやうど》のごふいん決定《くゑちぢやう》すとおほせられ候。これめでたく候。かくめでたくはおほせ候へども、これみなわたくしの御はからひになりぬとおぼえ候。たゞ不思議《ふしぎ》と信《しん》ぜさせ給候ぬるうへは、わづらはしきはからひはあるべからず候。

又ある人の候なること、しゆつせのこゝろおほく、じやうどのごふいん、すくなしと候なるは、こゝろえがたく候。しゆつせと候も、浄土《じやうど》のごふいんと候も、みな一にて候也。

すべて、これ、なまじゐなる御はからひとぞんじ候。仏智不思議《ぶちちふしぎ》と信《しん》ぜさせ給候なば、べちに、わづらはしく、とかくの御はからひあるべからず候。たゞ、人〴〵の、とかく申候はんことおば、ごふしんあるべからず候。たゞ如来《にょらい》の誓願《せいぐわん》にまかせまいらせ給べく候。とかくの御はからひあるべからず候也。あなかしこ〳〵。

五月五日　　　親鸞　在御判

じやうしんの御ばうへ

他力《たりき》と申候は、とかくのはからひなきを申候也。

第一九通　　　〔古一二〕

四月七日の御ふみ、五月廿六日、たしかに〳〵み候ぬ。さてはおほせられたる事、信の一念、行の一念、ふたつなれども、信をはなれたる行もなし、行の一念をはなれたる信の一念もなし。そのゆへは、行と申は、本願の名号をひとこゑとなえてわうじやうすと申ことをきゝて、ひとこゑをもとなへ、もしは十念をもせんは行なり。この御ちかいをきゝて、うたがふこゝろのすこしもなきを信の一念と申せば、信と行と、ふたつときけども、行をひとこゑするときゝてうたがはねば、行をはなれたる信はなしときゝて候。又、信はなれたる行なしとおぼしめすべしく候。これみな、みだの御ちかいと申ことをこゝろうべし。行と信とは御ちかいを申なり。あなかしこ〳〵。いのち候はゞ、かならず〳〵のぼらせ給べく候。

五月廿八日　（親鸞の花押）

覚信御房　御返事

専信坊、京ちかくなられて候こそ、たのもしうおぼえ候へ。

又御こゝろざしのぜに三百文、たしかに〳〵かしこまりてたまはりて候。

〔建長八歳丙辰五月廿八日　親鸞聖人御返事〕

第二〇通　〔古四二〕

おほせられたる事、くはしく聞《き》きて候《さふらう》。何《なに》よりは、哀愍房《あいみむばう》とかやと申《まふ》すなる人の、京より文《ふみ》をえたるとかやと、申《まふ》され候《さふらう》なる、返々不思議《ふしぎ》に候《さふらう》。いまだ形《かたち》おも見《み》ず、文《ふみ》一度もたまはり候《さふら》はず。これよりも申《まふ》す事《こと》もなきに、京より文《ふみ》をえたると申《まふ》すなる、あさましき事《こと》なり。又慈信房の法門《ほふもん》のやう、名目《みやうもく》をだにも聞《き》かず、知《し》らぬ事《こと》を、慈信一人に、夜《よる》、親鸞が教《おし》えたるなりと、人に、慈信房、申《まふ》されて候《さふらう》とて、これにも、常陸・下野の人〳〵は、みな、親鸞《しむらむ》が、虚言《そらごと》を申《まふ》したる由《よし》を、申《まふ》しあはれて候《さふら》へば、今は父子の義《ぎ》は、あるべからず候《さふらう》。又、母の尼《あま》にも、不思議《ふしぎ》の虚言《そらごと》を、言《い》ひつけられたること、申《まふ》すかぎりなきこと、あさましう候《さふらう》。みぶの女房の、これえ来《きた》りて申《まふ》すこと、慈信房《じしむばう》が賜《た》うたる文《ふみ》とて、持《も》ちてきたれる文《ふみ》、これに置《お》きて候《さふらう》めり。慈信房が文《ふみ》とて、これにあり。その文《ふみ》、つや〳〵いろはぬ事《こと》ゆえに、継母《まゝはゝ》に、言《い》ゐ惑《まど》わされたると書《か》かれたること、ことにあさましき虚言《そらごと》なり。又このせに*注世《よ》にありけるを、継母《まゝはゝ》の尼《あま》の言《い》ゐ惑《まど》わせりといふこと、あさましき虚言《そらごと》なり。いかにしてありけりとも知《し》らぬことの、みぶの女房《にょばう》のもとえも文《ふみ》のあること、心《こゝろ》も及《およ》ばぬほどの虚言《そらごと》、心憂《こゝろう》きことなりと歎《なげ》き候《さふらう》。まことにかゝる虚言《そらごと》どもを言《い》ひて、六波羅の辺《へむ》、鎌倉《かまくら》なむどに、披露《ひろう》せられたること、心憂《こゝろう》きことなり。これらほどの虚言《そらごと》は、この世《よ》のことなれば、いかでもあるべし。それだにも、虚言《そらごと》を言《い》ふこと、うたてきなり。いかにいはむや、往生極楽の大事をいひ惑《まど》わして、常陸《ひたち》・下野《しもつけ》の念仏者を惑《まど》わし、親《おや》に虚言《そらごと》を言《い》ひつけたること、心憂《こゝろう》きことなり。第十八の本願をば、萎《しぼ》める花《はな》にたとえて、人ごとに、皆《みな》、捨《す》てまいらせたりと聞《き》こゆること、まことに謗法《はうぼふ》の科《とが》、又、五逆の罪《つみ》をこのみて、人を損《そむ》じ惑《まど》わさるゝこと、悲《かな》しきことなり。ことに破僧の罪と申《まふ》す罪《つみ》は、五逆のその一なり。親鸞に虚言《そらごと》を申《まふ》しつけたるは、父《ちゝ》を殺《ころ》すなり。五逆のその一なり。この事《こと》ども、伝《つた》え聞《き》くこと、あさましさ、申《まふ》すかぎりなければ、今《いま》は、親《おや》といふことあるべからず、子《こ》と思《おも》ふこと、思《おも》い切《き》りたり。三宝神明に申《まふ》しきりおわりぬ。悲《かな》しきことなり。わが法門《ほうもん》に似《に》ずとて、常陸《ひたち》の念仏者、みな、惑《まど》わさむと、このまるゝと聞《き》くこそ、心憂《こゝろう》く候《さふら》え。親鸞《しむらむ》が教《おしえ》にて、常陸《ひたち》の念仏まふす人〳〵を損《そむ》ぜよと、慈信房に教《おし》えたると、鎌倉《かまくら》まで聞《き》こえむこと、あさまし〳〵。

五月廿九日　同六月廿七日到来　在判

建長八年六月廿七日註之

慈信房　御返事

嘉元三年七月廿七日書写了

＊注

今までのテキストは「又このせに」の「せ」に「世」という漢字を当て「又この世に」と読んできたが、顕智筆・専修寺蔵の原文によると、「せ」と読むのが正しいという。本書もそれにしたがい、「せ」とよむことにあらためた。「せに」は銭ではないかという（平松令三『親鸞の生涯と思想』吉川弘文館、五〇～五一頁）。

第二一通

〔古二五〕

この御ふみどものやう、くわしくみ候。さては、慈信《じしん》が法文のやうゆへに、ひたち・しもつけの人々、念仏申させたまひ候ことの、としごろうけたまはりたるやうには、みなかわりあふておはしますときこへ候。かへす〴〵こゝろうく、あさましくおぼへ候。としごろ、往生を一定《ゐちぢやう》とおほせられ候人々、慈信とおなじやうに、そらごとをみなまうされ候けるを、としごろふかくたのみまいらせて候けること、かへす〴〵あさましく候。そのゆへは、往生の信心とまふすことは、一念もうたがふことの候はぬをこそ、往生一定とはおもひて候へ。光明寺の和尚《くわしやう》の、信《しん》のやうをおしへさせたまひ候には、「まことの信《しん》をさだめられてのちには、弥陀のごとくの仏《ぶち》、釈迦のごとくの仏、そらにみち〳〵て、釈迦のおしへ、弥陀の本願は、ひがごとなりとおほせらるとも、一念もうたがひあるべからず」とこそうけたまはりて候へば、そのやうをこそとしごろまふして候に、慈信ほどのものゝまふすことに、ひたち・しもつけの念仏者の、みな御こころどものうかれて、はては、さしもたしかなる証文を、ちからをつくして、かずあまたかきてまいらせて候へば、それをみなすてあふておはしまし候と、きこへ候へば、ともかくもまふすにおよばず候。まづ、慈信が申候法文のやう、名目《みやうもく》をもきかず、いはんや、ならひたることも候はねば、慈信にひそかにおしふべきやうも候はず。また、よるひるも慈信一人《ゐちにん》に、ひとにかくして、法文おしへたること候はず。もし、このこと、慈信に申ながら、そらごとおも申、かくして人にもおしへたること候《さふらは》ば、三宝《さむぼふ》を本《ほん》として、三界《さむがい》の諸天善神《しよてんぜんじん》、四界《しかい》の竜神八部《りうじんはちぶ》、炎魔王界《えんまわうかい》の神《じん》祇冥道《ぎみやうだう》の罰《ばち》を、親鸞がみに、こと〴〵くかぶり候べし。自今以後《じこむいご》は慈信におきては、親鸞が子《こ》の義、おもひきりて候なり。世間のことにも不可思議のそらごと、申すかぎりなきことどもを、まふしひろめて候へば、出世のみにあらず、世間のことにおきても、おそろしき申ごとゞも、かずかぎりなく候なり。なかにも、この法文《ほふもん》のやうきゝ候、こゝろもおよばぬ申ごとにて候。つや〳〵親鸞がみには、きゝもせず、ならはぬことにて候。かへす〴〵あさましふこゝろうく候。弥陀の本願をすてまいらせて候ことに、ひと〴〵のつきて、親鸞をもそらごと申たるものになして候。こゝろうく、うたてきことに候。おほかたは、唯信鈔《ゆいしんせう》、自力他力《じりきたりき》の文、後世《ごせ》ものがたりのききがき、一念多念の証文、唯信鈔の文意《もんい》、一念多念の文のこゝろ、これらを御らんじながら、慈信が法文によりて、おほくの念仏者たちの、弥陀の本願をすてまいらせあふて候らむこと、まふすばかりなく候へば、かやうの御《おん》ふみども、これより後には、おほせらるべからず候。又、真宗《しんしゆ》のきゝがき、性信坊のかゝせたまひたるは、すこしもこれにまふして候やうにたがはず候へば、うれしう候。真宗のきゝがき一でうはこれにとゞめおきて候。又、哀愍房《あいみんばう》とかやの、いまだみもせず候、また、ふみ一どもまいらせたることもなし、くによりも、ふみたびたることもなし、親鸞がふみえたると申候なるは、おそろしきことなり。この唯信鈔かきたるやう、あさましく候へば、火にやき候べし。かへす〴〵こゝろうく候。このふみを、人々にみせさせたまふべし。あなかしこ〳〵。

五月廿九日　　　　　　親鸞　在判

性信房　御返事

なほ〳〵よく〳〵念仏者たちの信心は一定と候しことは、みな御そらごとどもにて候けり。これほどの、第十八の本願をすてまいらせあふて候《さふらふ》ひと〴〵の御ことばをたのみまいらせて、としごろ候けるこそ、あさましう候。このふみを、かくさるべきことならねば、よく〳〵人々にみせまふしたまふべし。

第二三通　〔古二六〕

六月一日の御文《おんふみ》、くはしくみさふらひぬ。さては鎌倉《かまくら》にての御《おん》うたへのやうは、おろ〳〵うけたまはりてさふらふ。この御文《おんふみ》にたがはずうけたまはりてさふらふ。おほかたは、このうたへのやうは御身《おんみ》ひとりのことにはあらずさふらふ。すべて浄土《じやうど》の念仏者《ねんぶちしや》のことなり。とはよもさふらはじとおもひさふらひしに、御《おん》くだりうれしくさふらひしに、別《べち》のこ

このやうは、故聖人《こしやうにん》の御《おん》とき、この身《み》どものやう〳〵にまふしなされさふらひしことなり。こともあたらしきうたへにてさふらはず。性信坊《しやうしんばう》ひとりの沙汰《さた》あるべきことにはあらず、念仏《ねむぶち》まふさんひとはみなおなじこゝろに御沙汰《ごさた》あるべきことなり。御身《おんみ》をわらひまふすべきことにはあらずさふらふべし。念仏者《ねむぶちしや》のものにこゝろえぬは、性信坊《しやうしんばう》のとがにまふしなされんは、きはまれるひがごとにさふらふべし。念仏《ねむぶち》まふさんひとは、性信坊《しやうしんばう》のかたふどにこそなりあはせたまふべけれ。母《はゝ》・姉《あね》・妹《いもと》なんどやう〳〵にまふさるゝことは、ふるごとにてさふらふ。さればとて、念仏《ねむぶち》をとゞめられさふらひしが、世《よ》にくせごとのをこりさふらひしかば、それにつけても念仏《ねむぶち》をふかくたのみて、世《よ》のいのりにこゝろいれてまふしあはせたまふべしとぞおぼえさふらふ。御文《おんふみ》のやう、おほかたの陳状《ちんじやう》、よく御《おん》はからひどもさふらひけり。うれしくさふらふ。詮《せん》じさふらふところは、御身《おんみ》にかぎらず念仏《ねむぶち》まふさんひと〴〵は、わが御身《おんみ》の料《れう》はおぼしめさずとも、朝家《てうか》の御《おん》ため、国民《こくみん》のために、念仏《ねむぶち》をまふしあはせたまひさふらはゞ、めでたふさふらふべし。往生《わうじやう》を不定《ふぢやう》におぼしめさんひとは、まづわが御身《み》の往生《わうじやう》をおぼしめして、御念仏《おんねんぶち》さふらふべし。わが御身《み》の往生一定《わうじやうゐちぢやう》とおぼしめさんひとは、仏《ぶち》の御恩《ごおん》をおぼしめさんに、御報恩《ごほうおん》のために、御念仏《おんねむぶち》こゝろにいれてまふして、世《よ》のなか安穏《あんおん》なれ、仏法《ぶちほふ》ひろまれとおぼしめすべしとぞおぼえさふらふ。よく〳〵御按《ごあん》さふらふべし。このほかは、別《べち》の御《おん》はからひあるべしとはおぼえずさふらふ。なを〳〵とく御《おん》くだりのさふらふこそ、うれしくさふらへ。よく〳〵御《おん》こゝろにいれて往生《わうぢやう》一定《ゐちぢやう》とおもひさだめられさふらひなば、仏《ぶち》の御恩《ごおん》をおぼしめさんには、こと〴〵はさふらふべからず、御念仏《おんねむぶち》こゝろにいれてまふさせたまふべしとおぼえさふらふ。あなかしこ〳〵。

七月九日　　　　親　鸞

性信御坊《しやうしんのおんばう》

第二三通　〔古三二〕

くだらせたまひてのち、なにごとかさふらふらん。この源藤四郎殿《ぐゑんとうしらうどの》に、おもはざるにあひまいらせてさふらふ。便《びん》のうれしさにまふしさふらふ。そのゝちなにごとかさふらふ。念仏《ねんぶち》のうたへのこと、しづまりてさふらふよし、かた〴〵よりうけたまはりさふらへば、うれしふこそさふらへ。いまはよく〳〵念仏《ねむぶち》もひろまりさふらはんずらんと、よろこびいりてさふらふ。これにつけても、御身《おんみ》の料《れう》は、いまさだまらせたまひたり。念仏《ねむぶち》を御《おん》こゝろにいれてつねにまふして、念仏《ねむぶち》そしらんひと〴〵、この世《よ》、のちの世《よ》までのことをいのりあはせたまふべくさふらふ。御身《おんみ》どもの料《れう》は、御念仏《おんねむぶち》はいまはなにかはせさせたまふべき。ただひがふだる世《よ》のひと〴〵をいのり、弥陀《みだ》の御《おん》ちかひにいれとおぼしめしあはば、仏《ぶち》の御恩《ごおん》を報《ほう》じまいらせたまふになりさふらふべし。よく〳〵御《おん》こころにいれてまふしあはせたまふべくさふらふ。聖人《しやうにん》の廿五日《にじふごにち》の御念仏《おんねむぶち》も、詮《せん》ずるところは、かやうの邪見《じやけん》のものをたすけん料《れう》にこそまふしあはせたまへとまふすことにてさふらへば、よく〳〵念仏《ねむぶち》そしらんひとをたすかれとおぼしめして念仏《ねむぶち》しあはせたまふべくさふらふ。また、なにごとも、度々《たび〳〵》、便《びん》にはまふしさふらひき。源藤四郎殿《ぐゑんとうしらうどの》の便《びん》にうれしふてまふしさふらふ。あなかしこ〳〵。

入西御坊《にふさいのおんばう》のかたへもまふしたふさふらへども、おなじことなれば、このやうをつたえたまふべくさふらふ。あなかしこ〳〵。

親鸞

性信御坊《しやうしんのおんばう》へ

第二四通

〔古二二八〕

むさしよりとて、しむしの入道どのとまふす人と、正念房《しやうねむばう》とまふす人の、おほばんにのぼらせたまひて候と、おはしまして候。みまいらせて候。御念仏《おんねむぶち》のこころざしおはしますと候へば、ことにうれしう、めでたふおぼへ候。御すゝめと候。かへす〴〵うれしう、あはれに候。なほ〳〵よく〳〵すゝめまいらせて、信心かはらぬやうに、ひと〴〵にまふさせたまふべし。如来の御ちかひのうへに、釈尊のみことなり。又、十方恒沙の諸仏の御証誠なり。信心はかわらじとおもひ候へども、やう〳〵にかわりあはせたまひて候こと、ことになげきおもひ候。よく〳〵すゝめまいらせたまふべく候。あなかしこ〳〵。

九月七日　　親鸞　在判

性信御房

念仏のあひだのことゆへ、御さたどものやう〳〵にきこへ候に、こゝろやすくならせたまひて候と、この人々の御ものがたり候へば、ことにめでたふ、うれしう候。なにごとも〳〵まふしつくしがたく候。いのち候はゞ、又々まふすべく候。

第二五通　〔古八〕

また、五説といふは、よろづの経《きやう》をとかれ候に、五種《ごしゆ》にはすぎず候なり。一《ひとつ》には仏説《ぶちせち》、二《ふたつ》には聖弟子《しやうでし》の説《せち》、三《みつ》には天仙《てんせん》の説《せち》、四《よつ》には鬼神《くゐじん》の説《せち》、五《いつゝ》には変化《へんぐゑ》の説《せち》といへり。このいつゝのなかに仏説《ぶちせち》をもちゐて、かみの四種《ししゆ》をたのむべからず候。この三部経《さむぶきやう》は釈迦《しやか》如来《によらい》の自説《じせち》にてましますとしるべしとなり。四土《しど》といふは、一には法身《ほふしん》の土《ど》、二には報身《ほうじん》の土《ど》、三には応身《おうじん》の土《ど》、四には化土《くゑど》なり。いまこの安楽浄土《あんらくじやうど》は報土《ほうど》なり。三身《さむしん》といふは、一には法身《ほふしん》、二には報身《ほうじん》、三には応身《おうじん》なり。いまこの弥陀如来《みだにょらい》は報身如来《ほうじんにょらい》なり。三宝《さむぼう》といふは、一には仏宝《ぶちほう》、二には法宝《ほふほう》、三には僧宝《そうぼう》なり。いまこの浄土宗《じやうどしゅ》は仏宝《ぶちほう》なり。四乗《しじよう》といふは、一には仏乗《ぶちじよう》、二には菩薩乗《ぼさちじよう》、三には縁覚乗《えんがくじよう》、四には声聞乗《しやうもんじよう》なり。いまこの浄土宗《じやうどしゅ》は菩薩乗《ぼさちじよう》なり。二教《にけう》といふは、一には頓教《とむげう》、二には漸教《ぜんげう》なり。いまこの教《けう》は頓教《とむげう》なり。二蔵《にざう》といふは、一には菩薩蔵《ぼさちざう》、二には声聞蔵《しやうもんざう》なり。いまこの教《けう》は菩薩蔵《ぼさちざう》なり。二道《にだう》といふは、一には難行道《なんぎやうだう》、二には易行道《ゐぎやうだう》なり。いまこの浄土宗《じやうどしゅ》は易行道《ゐぎやうだう》なり。二行《にぎやう》といふは、一には正行《しやうぎやう》、二には雑行《ざふぎやう》なり。いまこの浄土宗《じやうどしゅ》は正行《しやうぎやう》を本《ほん》とするなり。二超《にてう》といふは、一には竪超《じゆてう》、二には横超《わうてう》なり。いまこの浄土宗《じやうどしゅ》は横超《わうてう》なり。竪超《じゆてう》は聖道自力《しやうだうじりき》なり。二縁《にえん》といふは、一には無縁《むえん》、二には有縁《うゑん》なり。いまこの浄土《じやうど》は有縁《うゑん》の教《けう》なり。二住《にぢゅ》といふは、一には止住《しぢゅ》、二には不住《ふぢゅ》なり。いまこの浄土教《じやうどけう》は、法滅百歳《ほふめちひやくさい》まで住《ぢゅ》したまひて、有情《うじやう》を利益《りやく》したまふとなり。不住《ふぢゅ》は聖道諸善《しやうだうしよぜん》なり。諸善《しよぜん》はみな龍宮《りうぐ》へかくれいりたまひぬるなり。思《し》・不思《ふし》といふは、思議《しぎ》の法《ほふ》は、聖道八万四《しやうだうはちまんし》千《せん》の諸善《しよぜん》なり。不思《ふし》といふは、浄土《じやうど》の教《けう》は不可思議《ふかしぎ》の教法《けうぼふ》なり。これらはかやうにしるしまふしたり。よくしれらんひとにたづねまふしたまふべし。また、くはしくはこのふみにてまふすべくも候はず。目《め》もみえず候。なにごともみなわすれて候うへに、ひとなどにあきらかにまふすべき身《み》にもあらず候。よく〳〵浄土《じやうど》の学生《がくしやう》にとひまふしたまふべし。あなかしこ〱。

閏三月二日　　親鸞

第二六通　〔古二〕

信心《しんじむ》をえたるひとは、かならず正定聚《しやうぢやうじゆ》のくらゐに住《ぢゆ》するがゆへに、等正覚《とうしやうがく》のくらゐとまふすなり。大無量寿経《だいむりやうじゆきやう》には、摂取不捨《せふしゆふしや》の利益《りやく》にさだまるものを正定聚《しやうぢやうじゆ》となづけ、無量寿如来会《むりやうじゆによらいゑ》には等正覚《とうしやうがく》ときたまへり。その名《な》こそかはりたれども、正定聚《しやうぢやうじゆ》・等正覚《とうしやうがく》はひとつこゝろ、ひとつくらゐなり。等正覚《とうしやうがく》とまふすくらゐは、補処《ふしよ》の弥勒《みろく》とおなじくらゐなり。弥勒《みろく》とおなじくこのたび無上覚《むじやうかく》にいたるべきゆへに、弥勒《みろく》におなじとときたまへり。さて大経《だいきやう》には次如弥勒《しによみろく》とはまふすなり。弥勒《みろく》はすでに仏《ぶち》にちかくましませば、弥勒仏《みろくぶち》と諸宗《しよしゆ》のならひにはまふすなり。しかれば弥勒《みろく》におなじくらゐなれば、正定聚《しやうぢやうじゆ》のひとは如来《によらい》とひとしともまふすなり。浄土《じやうど》の真実信心《しんじちしんじむ》のひとは、この身《み》こそあさましき不浄造悪《ふじやうざうあく》の身《み》なれども、こゝろはすでに如来《によらい》とひとしければ、如来《によらい》とひとしとまふすこともあるべしとしらせたまへ。弥勒《みろく》すでに無上覚《むじやうかく》にそのこゝろさだまりてあるべきにならせたまふによりて、三《さむ》会《ゑ》のあかつきとまふすなり。浄土真実《じやうどしんじち》のひとも、このこゝろをこゝろうべきなり。光明寺《くわうみやうじ》の和尚《くわしやう》の般舟讃《はんじゆさん》には、「信心《じんじむ》のひとは、この心《しむ》すでにつねに浄土《じやうど》に居《こ》す」と釈《しやく》したまへり。居《こ》すといふは、浄土《じやうど》に、信心《しんじむ》のひとのこゝろ、つねにゐたりといふこゝろなり。これは弥勒《みろく》とおなじといふことをまふすなり。これは等正覚《とうしやうがく》を弥勒《みろく》とおなじとまふすによりて、信心《しんじむ》のひとは、如来《によらい》とひとしとまふすこゝろなり。

正嘉元年丁巳十月十日　　親鸞

性信御房

第二七通　〔古四〕

これは経《きやう》の文《もん》なり。華厳経《くゑごむぎやう》にのたまはく「信心歓喜者《しんじむくわんぎしや》、与《よ》諸如来等《しよによらいとう》」といふは、信心《しんじむ》をよろこぶひとは、もろ〳〵の如来《によらい》とひとしといふなり。もろ〳〵の如来《によらい》とひとしといふは、信心《しんじむ》をえてことによろこぶひとを、釈尊《しやくそん》のみことには「見敬得大慶《けんきやうとくだいきやう》、則我善親友《そくがぜんしんう》」とときたまへり。また弥陀《みだ》の第《だい》十七の願《ぐわん》には「十方世界《じふぱうせかい》、無量諸仏《むりやうしよぶち》、不悉咨嗟《ふしちししや》、称我名者《しようがみやうしや》、不取正覚《ふしゆしやうがく》」とちかひたまへり。願成就《ぐわんじやうじゆ》の文《もん》には「よろづの仏《ぶち》にほめられ、よろこびたまふ」とみえたり。すこしもうたがふべきにあらず。これは如来《によらい》とひとしといふ文《もん》どもをあらはししるすなり。

正嘉元年丁巳十月十日　　親鸞

真仏御房

第二八通　〔古一九〕

御《おん》たづねさふらふことは、弥陀他力《みだたりき》の廻向《ゑかう》の誓願《せいぐわん》にあひたてまつりて、真実《しんじち》の信心《しんじむ》をたまはりて、よろこぶこゝろのさだまるとき、摂取《せふしゆ》して、すてられまいらせざるゆへに、金剛心《こむがうしむ》となるときを、正定聚《しやうぢやうじゆ》のくらゐに住《ぢゆ》すともまふす、弥勒菩薩《みろくぼさち》とおなじくらゐになるとも、とかれて候めり。弥勒《みろく》とひとつくらゐになるゆへに、信心《しんじむ》まことなるひとをば、仏《ぶち》とひとしともまふす。また諸仏《しよぶち》の、真実信心《しんじちしんじむ》をえてよろこぶをば、まことによろこびて、われとひとしきものなりと、とかせたまひてさふらふなり。大経《だいきやう》には、釈尊《しやくそん》のみことばに「見敬得大慶則我善親友《けんきやうとくだいきやうそくがぜんしんう》」とよろこばせたまひさふらへば、信心《しんじむ》をえたるひとは、諸仏《しよぶち》とひとしととかれてさふらふめり。また弥勒《みろく》をば、すでに仏《ぶち》にならせたまはんことあるべきにならせたまひてさふらへばとて、弥勒仏《みろくぶち》とまふすなり。しかればすでに他力《たりき》の信《しん》をえたるひとをも仏《ぶち》とひとしとまふすべしとみえたり。御《おん》うたがひあるべからずさふらふ。御同《おんどう》行《ぎやう》の「臨終《りんじゆ》を期《ご》して」とおほせられさふらふらんは、ちからをよばぬことなり。信心《しんじむ》まことにならせたまひてさふらふひとは、誓願《せいぐわん》の利益《りやく》にてさふらふうへに、摂取《せふしゆ》してすてずとさふらへば、来迎臨終《らいかうりんじゆ》を期《ご》せさせたまふべからずとこそおぼえさふらへ。いまだ信心《しんじむ》さだまらざらんひとは、臨終《りんじゆ》をも期《ご》し、来迎《らいかう》をもまたせたまふべし。この御《おん》ふみぬしの御名《おんな》は、随信房《ずいしんばう》とおほせられさふらはゞめでたうさふらふべし。この御《おん》ふみのかきやう、めでたくさふらふ。御同行《おんどうぎやう》のおほせられやうは、こゝろえずさふらふ。それをば、ちからをよばずさふらふ。あなかしこ〳〵。

十一月廿六日　　親鸞

随信御房

第二九通　〔古四五〕

いやおむなのこと、ふみかきてまいらせられ候なり。いまだ、ゐどころもなくて、わびゐて候なり。あさましく〳〵、もてあつかいて、いかにすべしともなくて候なり。あなかしこ。

三月廿八日　　（親鸞の花押）

…………（切封）

わ□ごぜんへ　　　　　　　　　　　　しんらん

第三〇通　　　　　　　　　　　　〔古二三〕

安楽浄土《あんらくじやうど》にいりはつれば、すなわち大涅槃《ねちはん》をさとるとも、滅度《めちど》にいたるともまふすは、み名《な》こそかわりたるやうなれども、これはみな、法身《ほふしん》とまふす仏《ぶち》となるなり。法身《ほふしん》とまふす仏のさとりをひらくべき正因《いん》に、弥陀仏の御ちかひを、法蔵菩薩《ほふざうぼさち》われらに廻向《ゑかう》したまへるを、往相《わうさう》の廻向《ゑかう》とまふすなり。この廻向《ゑかう》せさせたまへる願《ぐわん》を、念仏往生の願《ぐわん》とはまふすなり。この念仏往生の願を一向《かう》に信じてふたごゝろなきを、一向専修《せんじゆ》とはまふすなり。如《によ》来《らい》の二《に》種《しゆ》の廻向《ゑかう》とまふすことは、この二種《しゆ》の廻向《ゑかう》の願を信《しん》じ、ふたごゝろのなきを、真実の信心とまふす。この真実の信心のおこることは、釈迦《しやか》・弥陀《みだ》の二尊《そん》の御はからひよりおこりたりと、しらせたまふべし。あなかしこ〳〵。

二月廿五日　　　　　　　　　　親　鸞

浄信御坊　御返事

第三一通 〔古一六〕

たづねおほせられて候事、返々《かへすぐ》めでたう候。まことの信心をえたる人は、すでに仏《ぶち》にならせ給べき御みとなりておはしますゆへに、如来とひとしき人と経にとかれ候なり。弥勒はいまだ仏《ぶち》になりたまはねども、このたび、かならず〳〵仏《ぶち》になりたまふべきによりて、弥勒をば、すでに弥勒仏《みろくぶち》と申候なり。その定《ぢやう》に真実信心をえたる人をば、如来とひとしとおほせられて候也。又、承信房《じやうしんばう》の、弥勒とひとしと候も、ひが事には候はねども、他力によりて信をえて、よろこぶこゝろは如来とひとしと候を、自力なりと候覧《さふらふらん》は、いますこし承信房の御こゝろのそこのゆきつかぬやうにきこへ候こそ、よく〳〵御あん候べくや候覧《らん》。自力のこゝろにて、わがみは如来とひとしと候らんは、まことにあしう候べし。他力の信心のゆへに、浄信房《じやうしんばう》のよろこばせ給候らんは、なにかは自力にて候べき。よく〳〵御はからい候べし。このやうはこの人〴〵にくはしう申て候。承信《じやうしん》の御坊《おんばう》、といまいらせさせ給べし。あなかしこ〳〵。

十月廿一日　親鸞

浄信御房　御返事

第三二通　〔古一四、一五〕

○畏申候《かしこまてまふしさふらふ》。

○大無量寿経ニ、「信心歓嘉(喜)」ト候。○華厳経ヲ引テ浄土和讃ニモ、「信心ヨロコブ其人ヲ、如来トヒトシト説キタマフ、大信心ハ仏性《ぶちしやう》ナリ、仏性 即《すなはち》 如来ナリ」ト仰セラレテ候ニ、専修《せんじゆ》ノ人ノ中ニ、アル人心得チガエテ候ヤラン、「信心ヨロコブ人ヲ、如来トヒトシト、同行達《どうぎやうだち》ノノタマフハ、自力ナリ。真言ニカタヨリタリ」ト申候ナル、人ノウエヲ可知《キ》ニ候ハネドモ申候。マタ、「真実信心《しんじちしんじむ》ウル人ハ、即 定聚《すなはちぢやうじゆ》ノカズニ入《い》ル。不退《ふたい》ノ位《くらゐ》ニ入リヌレバ、必 滅度《かならずめちど》ヲサトラシム」ト候。滅度ヲサトラシムト候ハ、此度此身《このたびこのみ》ノ終候《おはりさふら》ハン時、真実信心ノ行者ノ心、報土《ほうど》ニイタリ候ヒナバ、寿命無量《じゆみやうむりやう》ヲ体《たい》トシテ、光明無量《くわうみやうむりやう》ノ徳用《とくゆう》ハナレタマワザレバ、如来ノ心《しむ》光《くわう》ニ一味《ゐちみ》ナリ。此故《このゆへ》、「大信心ハ仏性ナリ、仏性ハ 即《すなはち》 如来ナリ」ト仰セラレテ候ヤラン。是ハ十一・二・三ノ御誓《おんちかひ》ト心得ラレ候。罪悪ノ我等ガタメニオコシタマエル大悲《だいひ》ノ御誓《おんちかひ》ノ目出タク、アワレニマシマスウレシサ、コ、ロモオヨバレズ、コトバモタエテ、申ツクシガタキ事、カギリナク候。自《ヨリ》ニ無始広(曠)劫ニ以来《このかた》、過去《くわこ》遠々《おん〱》ニ、恒沙《ごうじや》ノ諸仏ノ出世ノ所《みもと》ニテ、大(ダイボダイシム)自力ノ卉心オコストイヱドモ、自力(ジリキ)サトリカナハズ、二尊《にそん》ノ御方便《ごはうべん》ニモヨヲサレマイラセテ、雑行雑修《ざふぎやうざふしゆ》・自力疑心ノオモヒナシ。無碍光如来《むげくわうにょらい》ノ摂取不捨《せふしゆふしや》ノ御《おん》アワレミノ故ニ、疑心ナク、ヨロコビマイラセテ、一念スルマデノニ往生定《わうじやうさだまり》テ、誓願不思議ト心得候ヒナン(ム)ニハ、聞見《キヽミ》候ルニアカヌ浄土ノ御教《聖(シヤウゲウ)》モ、知識ニアイマイラセントオモハンコトモ、摂取不捨モ、信モ、念仏モ、人ノタメトオボエラレ候。今、師主《ししゆ》ノ○《御》教ニヨリテ《ヘノユエ》、心ヲヌキテ、御《おん》コ、ロムキヲウカヾヒ候ニヨリテ、願意ヲサトリ、直道《ぢきだう》ヲモトメエテ、正《まさ》シキ真実報土《しんじちほうど》ニイタリ候ハンコト、此度《このたび》一念ニトゲ《聞名ニイタルマデ》候ヒヌル、ウレシサ、御恩ノイタリ。其上、弥陀《みだ》経義集《きやうぎしふ》ニ、オロ〳〵明《あきらか》ニオボヘラレ候。然ニ世間《せけん》ノソウ〳〵ニマギレテ、一時《ゐちじ》、若《もし》ハ二時《にじ》・三時《さむじ》オコタルトイエドモ、昼夜《ちうや》ニワスレズ、御《おん》アワレミヲヨロコブ業力《ごふりき》バカリニテ、行住座臥《ぎやうぢゆざぐわ》ニ、時所《じしよ》ノ不浄ヲモキラハズ、一向ニ金剛ノ信心バカリニテ、仏恩《ぶちおん》ノフカサ、師主《ししゆ》ノ御トク《恩徳(オンドク)》ノウレシサ、報謝《ほうしや》ノタメニ、タヾミナヲトナフルバカリニテ、日《ひ》ノ所作《しよさ》トセズ。此様《このやう》、ヒガザマニカ候ラン。一期《ゐちご》ノ大事《だいじ》、タヾ是ニスギタルハナシ。可然者《しかるべくは》、ヨク〳〵コマカニ仰ヲ蒙《かふぶ》リ候ハントテ、ワヅカニオモフバカリヲ記《しる》シテ中上候。サテハ、京ニ久《ひさしく》候シニ、ソウ〳〵ニノミ候テ、コ、ロシヅカニオボヘズ候シ事ノナゲカレ候テ、ワザト、イカニシテモマカリノボリテ、コ、ロシヅカニ、セメテハ五日、御所《みもと》ニ候《さふらは》バヤト、ネガヒ候也。ア、《噫(ア、)》カウマデ申候モ、御恩ノチカラナリ。

進上《しんじやう》聖人ノ御許《みもと》へ　蓮位《れんゐ》御房《おんばう》申させ給へ

十月十日

慶信《きやうしん》　上　(花押)

追申上候。
念仏《ねむぶち》申《まふし》候人々の中に、南無阿弥陀仏ととなへ候ひまには、無碍光如来《むげくわうにょらい》ととなへまいらせ候人も候。これをきゝて、ある人の申候なる「南無阿弥陀仏ととなへてのうへに、くゐみやう尽十方無碍光如来《じんじふぱうむげくわうにょらい》ととなへまいらせ候ことは、おそれある事にてこそあれ。いまめかわしく」と申候なる、このやういかが候べき。

南無阿弥陀仏をとなへてのうへに、無碍光仏《むげくわうぶち》と申さむは、あしき事なりと候なるこそ、きわまれる御ひがごとときこえ候へ。帰命《くゐみやう》は南無《なも》なり。無碍光仏は光明なり、智慧なり。この智慧はすなわち阿弥陀仏。阿弥陀仏ノ御かたちをしらせ給はねば、その御かたちを、たしかに〳〵しらせまいらせんとて、世親菩薩《せしんぼさち》、御《おん》ちからをつくして、あらわし給へるなり。このほかのことは、せう〳〵もじをなをしてまいらせ候也。

第三二通補遺 〔古二八〕

この御ふみのやう、くわしくまふしあげて候。すべてこの御ふみのやう、たがはず候とおほせ候也。たゞし、「一念するに往生さだまりて、誓願不思議《せいぐわんふしぎ》とこゝろえ候」とおほせ候おぞ、「よきやうには候へども、一念にとゞまるところ、あしく候」とて、御ふみのそばに、御自筆《ごじひち》をもて、あしく候よしを、いれさせおはしまして候。蓮位《れんゐ》に「かくいれよ」とおほせをかぶりて候へども、御自筆《ごじひち》はつよき証拠《しようこ》におぼしめされ候ぬとおぼえ候あひだ、おりふし御がいびやうにて御わづらひにわたらせたまひ候へども、まふして候也。またのぼりて候し人々、くにゝ論《ろん》じまふすとて、あるいは弥勒《みろく》とひとしとまふし候人々候よしをまふし候しかば、しるしおほせられて候ふみの候、しるしてまいらせ候也。御覧《ごらん》あるべく候。また「弥勒《みろく》とひとしと候は、弥勒《みろく》は等覚《とうがく》の分《ぶん》なり、これは因位の分《ぶん》なり、これは十四・十五の月の円満《ゑんまん》したまふが、すでに八日・九日の月のいまだ円満したまはぬほどをまふし候也。これは自力修行《じりきしゆぎやう》のやうなり。われらは信心決定《くゑちぢやう》の凡夫《ぼむぶ》、くらゐ正定聚《しやうぢやうじゆ》のくらゐなり。これは因位《いんゐ》なり、これ等覚《とうがく》の分《ぶん》なり。かれは自力《じりき》也。これは他力《たりき》なり。自《じ》・他《た》のかわりにこそ候へども、因位《いんゐ》のくらゐはひとしといふなり、また弥勒《みろく》の妙覚《めうかく》のさとりはおそく、われらが滅度《めちど》にいたることはとく候はむずるなり。かれは五十六億七千万歳《ごじふろくおくしちせんまんざい》のあかつきを期《ご》し、これはちくまくをへだつるほどなり。かれは漸頓《ぜんとん》のなかの頓《とん》、これは頓《とん》のなかの頓《とん》なり。滅度《めちど》といふは妙覚《めうかく》なり。曇鸞《どむらん》の註《ちう》にいはく、樹《じゆ》あり。好堅樹《かうけんじゆ》といふ。この木《き》、地《ぢ》のそこに百年わだかまりゐて、おうるとき一日に百丈《ぢやう》おい候なるぞ。この木《き》、地《ぢ》のそこに百年候は、われらが娑婆世界《しやばせかい》に候て、正定聚《しやうぢやうじゆ》のくらゐに住《ぢゆ》する分《ぶん》なり。一日に百丈《ぢやう》おい候なるは、滅度《めちど》にいたる分《ぶん》なり。これにたとへて候也。これは他力《たりき》のやうなり。松《まつ》の生《せい》長《ちやう》するは、としごとに寸《すん》をすぎず。これはおそし、自力修行《じりきしゆぎやう》のやうなり。また、如来《によらい》とひとしといふは、煩悩成就《ぼんなうじやうじゆ》の凡夫、仏の心光《しむくわう》にてらされまいらせて、信心歓喜《くわんぎ》す。信心歓喜《くわんぎ》するゆへに、正定聚《しやうぢやうじゆ》のかずに住《ぢゆ》す。信心といふは智《ち》也。この智《ち》は他力《たりき》の光明《くわうみやう》に摂取《せふしゆ》せられまいらせぬるゆへに、うるところの智也。仏の光明《くわうみやう》も智也。かるがゆへに、おなじといふなり。おなじといふは信心をひとしといふなり。歓喜地《くわんぎぢ》といふは信心を歓喜《くわんぎ》するなり。わが信心を歓喜《くわんぎ》するゆへに、おなじといふなり」。くはしく御自筆《じひち》にしるされて候を、かきうつしてまいらせ候。また、南無阿弥陀仏とまふし、また、無碍光如来《むげくわうによらい》ととなへ候御不審《ごふしん》も、くわしく自筆《じひち》に、御消息《せうそく》のそばにあそばして候也。かるがゆへに、それよりの御ふみをまいらせ候。あるいは阿弥陀といひ、あるいは無碍光とまふし、御名《みな》ことなりといゑども、心は一なり。阿弥陀といふは梵語《ぼんご》なり。これには無量寿《むりやうじゆ》ともいふ、無碍光《むげくわう》ともまふし候。梵漢《ぼんかん》ことなりといゑども、心おなじく候也。そも〳〵覚信房《かくしんばう》の事、ことにあわれにおぼへ、また、たふとくもおぼへ候。そのゆへは、信心たがはずして、おはられて候。また、たび〳〵信心ぞんぢのやう、いかやうにかと、たび〳〵まふし候しかば、当時《たうじ》までは、たがふべくも候はず、いよ〳〵信心のやうはつよくぞんずるよし候き。のぼり候しに、くにをたちて、ひといちとまふししとき、やみいだして候しかども、同行《どうぎやう》たちは、かへれなむどまふし申しかども、「死《し》するほどのことならば、かへるとも死《し》し、とゞまるとも死《し》し候はむず。また、やまひはやみ候ば、かへるともやみ、とゞまるともやみ候はむず。おなじくは、みもとにてこそ、おはり候はば、おわり候はめとぞんじて、まいりて候也」と、御ものがたり候し也。この御《ご》信心まことにめでたくおぼへ候。善導和尚《ぜんだうくわしやう》の釈《しやく》の二河《にが》の譬喩《ひゆ》におもひあはせられて、よにめでたくぞんじ、うらやましく候也。おはりのとき、南無阿弥陀仏、南無無碍光如来、南無不可思議光如来ととなえられて、てをくみて、しづかにおわられて候しなり。また、おくれさきだつためしは、あはれになげかしくおぼしめされ候とも、さきだちて滅度《めちど》にいたり候ぬれば、かならず最初引接《さいしよいんぜふ》のちかひをおこして、結縁《けちえん》・眷《けん》属《ぞく》・朋友《ほうう》をみちびくことにて候なれば、しかるべく、おなじ法文の門《もん》にいりて候へば、蓮《れん》位《ゐ》もたのもしくおぼえ候。また、おやとなり、ことなるも、先世《ぜんせ》のちぎりとまふし候へば、たのもしくおぼしめさるべく候也。このあわれさ、たふとさ、まふしつくしがたく候へば、とゞめ候ぬ。いかにしてか、みづからこのことをまふし候べきや。くはしくは、なほ〱まふし候べく候。このふみのやうを、御まへにて、あしくもや候とて、よみあげて候へば、「これにすぐべくも候はず、めでたく候」と、おほせをかぶりて候也。ことに覚信坊《かくしんばう》のところに、御なみだをながさせたまひて候也。よにあわれにおもはせたまひて候也。

十月廿九日　　蓮位

慶信御坊へ

〔古五〕

第三三通

〔獲字《ぐゐやくのじ》は、因位のときうるを獲《ぐゐやく》といふ。得字は、果位のときにいたりてうることを得といふなり。名字は、因位のときのなを名といふ。号字は、果位のときのなを号といふ。〕

自然《じねん》といふは、自《じ》はおのづからといふ、行者《ぎやうじや》のはからいにあらず、しからしむといふことばなり。然《ねん》といふは、しからしむといふことば、行者のはからいにあらず、如来のちかひにてあるがゆへに。法爾《ほふに》といふは、この如来のおむちかひなるがゆへに、しからしむるを法爾といふ。法爾は、このおむちかひなりけるゆへに、すべて行者のはからひのなきをもて、この法のとくのゆへにしからしむといふなり。すべて、人のはじめてはからはざるなり。このゆへに他力《たりき》には、義なきを義とす、としるべしとなり。自然といふは、もとよりしからしむといふことばなり。弥陀の御ちかひの、もとより行者のはからひにあらずして、南無阿弥陀仏とたのませたまひて、むかへむとはからはせたまひたるによりて、行者のよからむとも、あしからむともおもはぬを、自然《じねん》とはまふすぞときゝて候。ちかひのやうは、無上仏《むじやうぶち》にならしめむとちかひたまへるなり。無上仏とまふすは、かたちもなくまします。かたちのましまさぬゆへに自然とはまふすなり。かたちましますとしめすときには、無上涅槃《むじやうねちはん》とはまふさず。かたちもましまさぬやうをしらせむとて、はじめて弥陀仏とぞきゝならひて候。みだ仏は自然のやうをしらせむれうなり。この道理をこころえつるのちには、この自然のことは、つねにさたすべきにはあらざるなり。つねに自然をさたせば、義なきを義とすといふことは、なほ義のあるになるべし。これは仏智の不思議にてあるなり。

愚禿親鸞　八十六歳

〔正嘉二歳戊午十二月日、善法房僧都御坊、三条とみのこうぢの御坊にて聖人にあいまいらせてのきゝがき。そのとき顕智これをかくなり。〕

第三四通補遺

〔古三七〕

一、無碍光如来の慈悲光明《じひくわうみやう》に摂取《せふしゆ》せられまいらせ候ゆへ、名号《みやうがう》をとなへつゝ、不退《ふたい》のくらゐにいりさだまり候なむには、このみのために、摂取不捨《せふしゆふしや》をはじめてたづぬべきにはあらずとおぼへられ候。そのうへ、華厳経《くゑごむぎやう》に「聞此法歓喜信心無疑者《もんしほふくわんぎしんじむむぎしや》、速成無上道《そくじやうむじやうだう》、与諸如来《よしよによらい》等《とう》」とおほせられて候。また、第十七《だいじふしち》の願《ぐわん》に「十方無量《じふぱうむりやう》の諸仏《しよぶち》にほめとなえられむ」とおほせられて候。また、願成就《ぐわんじやうじゆ》の文《もん》に「十方恒沙《じふぱうごうじや》の諸仏」とおほせられて候は、信心《しんじむ》の人とこゝろえて候。この人はすなわち、このよより如来とひとしとおぼへられ候。このほかは、凡夫《ぼむぶ》のはからひおばもちゐず候なり。このやうをこまかにおほせかぶり給べく候。恐々謹言。

二月十二日　　浄信

第三四通　〔古七〕

如来の誓願を信ずる心のさだまる時と申は、摂取不捨の利益《りやく》にあづかるゆへに、不退の位《くらゐ》にさだまると御こゝろえ候べし。真実信心さだまると申も、金剛信心のさだまると申も、摂取不捨のゆへに申なり。さればこそ無上覚にいたるべき心のおこると申なり。これを不退のくらゐとも、正定聚のくらゐにいるとも申、等正覚にいたるとも申也。このこゝろのさだまるを十方諸仏のよろこびて、諸仏の御こゝろにひとしと、ほめたまふなり。このゆへに、まことの信心の人をば、諸仏とひとしと申なり。又補《ふ》処《しょ》の弥勒とおなじとも申也。このよにて真実信心の人をまぼらせ給へばこそ、阿弥陀経には十方恒沙《ごふじゃ》の諸仏護《ご》念《ねむ》すとは申事にて候へ。安楽浄土へ往生《わうじゃう》してのちは、まもりたまふと申ことにては候はず。娑婆《しゃば》世界にゐたるほど、護念すと申事也。信心まことなる人のこゝろを十方恒沙の如来《にょらい》のほめたまへば、仏《ぶち》とひとしとは申事也。又他力《たりき》と申ことは、義なきを義とすと申なり。義と申ことは、行者《ぎやうじや》のおの〳〵のはからう事を義とは申也。如来の誓願は不可思議にましますゆへに、仏と仏との御はからひなり。凡夫《ぼむぶ》のはからいにあらず。補処の弥勒菩薩をはじめとして、仏智《ぶちち》の不思議をはからうべき人は候はず。しかれば如来の誓願には義なきを義とすとは、大師聖人《だいししやうにん》の仰に候き。このこゝろのほかには、往生《わうじやう》にいるべき事候はずとこゝろえてまかりすぎ候へば、人の仰ごとにはいらぬものにて候也。〔諸事恐々謹言。〕

親鸞（花押）

浄信御坊　御返事

第三五通補遺　〔古三九〕

一、或人《あるひとの》云《く》、往生の業因《ごふいん》は、一念発起《ほちき》信心《しんじむ》のとき、無碍《むげ》の心光《しむくわう》に摂護《せふご》せられまいらせ候ぬれば、同《どう》一也。このゆへに不審《ふしむ》なし。このゆへに、はじめてまた信・不信を論《ろん》じ、たづね申べきにあらずとなり。このゆへに他力なり。義《ぎ》なきがなかの義《ぎ》となり。たゞ無明《むみやう》なること、おほはるゝ煩悩《ぼむなう》ばかりとなり。恐々謹言。

十一月一日　専信上

第三五通　〔古四〇〕

おほせ候ところの往生の業因《ごふいん》は、真実信心《しんじちしんじむ》をうるとき、摂取不捨《せふしゆふしや》にあづかるとおもへば、かならず〳〵、如来の誓願《せいぐわん》に住《ぢゆ》すと、悲願《ひぐわん》にみえたり。「設我《せちが》得仏《とくぶち》、国中人天《こくちうにんでん》、不住定聚《ふぢゆぢやうじゆ》、必至《ひちし》滅度《めつど》者《しや》、不取正覚《ふしゆしやうがく》」とちかひ給へり。正定聚に信心の人は住し給へりとおぼしめし候なば、行者《ぎやうじや》のはからひのなきゆへに、義《ぎ》なきを義とすと、他力おば申なり。善《ぜん》とも、悪《あく》とも、浄《じやう》とも、穢《ゑ》とも、行者《ぎやうじや》のはからひなきみとならせ給て候へばこそ、義なきを義とすとは申ことにて候へ。十七の願《ぐわん》に、「わがなをとなえられむ」とちかひ給て、十八の願に、「信心まことならば、もし、むまれずは、仏にならじ」とちかひ給へり。十七・十八の悲《ひ》願《ぐわん》、みなまことならば、正定聚の願はせむなく候べきか。補処《ふしよ》の弥勒とおなじくらゐに、信心の人はならせたまふゆへに、摂取不捨《せふしゆふしや》とはさだめられて候へ。このゆへに他力と申すは、行者のはからいの、ちりばかりもいらぬなり。かるがゆへに義なきを義とすと申なり。このほかにまたまふすべきことなし。たゞ仏にまかせ給へと、大師聖人《だいししやうにん》のみことにて候へ。

十一月十八日　　親鸞

専信御房　御報

弥陀の本願信ずべし
本願信ずるひとはみな
摂取不捨の利益にて
無上覚おばさとるなり
願力成就の報土には
自力の心行いたらねば
大人聖人みなゝがら
如来の弘誓に乗ずなり

第三六通　〔古一二〕

たづねおほせられ候、念仏《ねむぶち》の不審《ふしん》のこと、念仏往生《ねむぶちわうじやう》と信《しん》ずるひとは、辺地《へんぢ》の往生《わうじやう》とてきらはれ候らんこと、おほかたこゝろえがたく候。そのゆへは、弥陀《みだ》の本願《ほんぐわん》とまふすは、名号《みやうがう》をとなへんものをば、極楽《ごくらく》へむかへんとちかはせたまひたるを、ふかく信《しん》じてとなふるが、めでたきことにて候なり。信心《しんじむ》ありとも、名号《みやうがう》をとなへざらんは詮《せん》なく候。また、一《ゐち》向《かう》、名号《みやうがう》をとなふとも、信心《しんじむ》あさくば、往生《わうじやう》しがたく候。されば、念仏往生《ねんぶちわうじやう》とふかく信《しん》じて、しかも名号《みやうがう》をとなへんずるは、うたがひなき報土《ほうど》の往生《わうじやう》にてあるべく候なり。詮《せん》ずるところ、名号《みやうがう》をとなふといふとも、他力本願《たりきほんぐわん》を信《しん》ぜざらんは、辺地《へんぢ》にむまるべし。本願他力《ほんぐわんたりき》をふかく信《しん》ぜんともがらは、なにごとにかは辺地《へんぢ》の往生《わうじやう》にてさふらふべき。このやうをよく〳〵御《おん》こゝろえ候て、御念仏《おんねんぶち》さふらふべし。この身《み》は、いまはとしきはまりてさふらへば、さだめてさきだちて往生《わうじやう》しさふらはんずれば、浄土《じやうど》にてかならず〳〵まちまいらせさふらふべし。あなかしこ〳〵。

七月十三日　親鸞

有阿弥陀仏《うわあみだぶち》　御返事

第三七通　〔古一三〕

たづねおほせられて候摂取不捨の事は、般舟三昧行《はんじゆざんまいぎやう》道往生讃《さん》と申におほせられて候をみまいらせ候へば、釈迦如来・弥陀仏、われらが慈悲の父母《ぶも》にて、さま〴〵の方便にて、我等が無上信心《むじやうのしんじむ》をば、ひらきおこさせ給と候へば、まことの信心さだまる事は、釈迦・弥陀の御はからいとみえて候。往生の心うたがいなくなり候は、摂取《せふしゆ》せられまいらするゆへとみえて候。摂取のうへには、ともかくも行者のはからいあるべからず候。浄土へ往生するまでは不退《ふたい》のくらゐにておはしまし候へば、正定聚《しやうぢやうじゆ》のくらゐとなづけておはします事にて候なり。まことの信心おば、釈迦如来・弥陀如来、二尊《にそん》の御はからいにて発起せしめ給候とみえて候へば、信心のさだまると申は、摂取にあづかる時にて候なり。そのゝちは、正定聚のくらゐにて、まことに浄土へむまるゝまでは候べしとみえ候なり。ともかくも、行者のはからいを、ちりばかりもあるべからず候へばこそ、他力と申事にて候へ。あなかしこ〳〵。

十月六日　　親鸞（花押）

しのふの御房の御返事

第三八通

壬十月一日の御文、たしかにみ候。かくねむばうの御事、かた〴〵あわれに存候。親鸞はさきだちまいらせ候はんずらんと、まちまいらせてこそ候つるに、さきだゝせ給候事、申ばかりなく候。かくしんばう、ふるとしごろは、かならず〳〵さきだちてまたせ給候覧。かならず〳〵まいりあふべく候へば、申におよばず候。かくねんばうのおほせられて候や

〔古四四〕

う、すこしも愚老にかはらずおはしまし候へば、かならず〳〵一ところへまいりあふべく候。明年の十月のころまでもいきて候はゞ、このよの面謁うたがいなく候べし。入道殿の御こゝろも、すこしもかわらせ給はず候へば、さきだちまいらせても、まちまいらせ候べし。人〳〵の御こゝろざし、たしかに〳〵たまはりて候。なにごとも〳〵、いのちの候らんほどは申べく候。又、おほせをかぶるべく候。この御ふみ、みまいらせ候こそ、ことにあはれに候へ。中〳〵申候もおろかなるやうに候。又〳〵追申候べく候。あなかしこ〳〵。

壬十月廿九日　　親鸞（花押）

たかだの入道殿　御返事

第三九通　〔古二二〕

ひと〴〵のおほせられてさふらふ十二光仏《じふにくわうぶち》の御《おん》ことのやう、かきしるしてくだしまいらせさふらふ。くはしくかきまいらせさふらふべきやうもさふらはず。おろ〳〵かきしるしてさふらふ。詮《せん》ずるところは、無碍光仏《むげくわうぶち》とまふしまいらせさふらふことを本《ほん》とせさせたまふべくさふらふ。無碍光仏《むげくわうぶち》は、よろづのものゝあさましきわるきことにさはりなくたすけさせたまはん料《れう》に、無碍光仏《むげくわうぶち》とまふすとしらせたまふべくさふらふ。あなかしこ〳〵。

十月廿一日
唯信御坊《ゆいしんのおんばう》　御返事《おんへんじ》

第四〇通　〔古六〕

なによりも、こぞ、ことし、老少男女《らうせうなむによ》、おほくのひと〴〵のしにあひて候らんことこそあはれにさふらへ。たゞし生死無常《しやうじむじやう》のことはり、くはしく如来《によらい》のときをかせおはしましてさふらふうへは、おどろきおぼしめすべからずさふらふ。まづ善信《ぜんしん》が身《み》には、臨終《りんじゆ》の善悪《ぜんまく》をばまうさず。信心決定《しんじむくゑちぢやう》のひとは、うたがひなければ、正定聚《しやうぢやうじゆ》に住《ぢゆ》することにて候なり。さればこそ愚痴無智《ぐちむち》のひともおはりもめでたく候へ。如来《によらい》の御《おん》はからひにて往生《わうじやう》するよし、ひと〴〵にまふされ候ける、すこしもたがはず候なり。としごろ、をの〳〵にまふし候しこと、たがはずこそ候へ。かまへて学生沙汰《がくしやうざた》せさせたまひ候はで、往生《わうじやう》をとげさせたまひ候べし。故法然聖人《こほふねんしやうにん》は「浄土宗《じやうどしゆ》のひとは愚者《ぐしや》になりて往生《わうじやう》す」と候しことを、たしかにうけたまはり候しうへに、ものもおぼえぬあさましき人々《ひと〴〵》のまいりたるを御覧《ごらん》じては、「往生必定《わうじやうひちぢやう》すべし」とて、えませたまひしを、みまいらせ候き。ふみざたして、さか〴〵しきひとのまいりたるをば、「往生《わうじやう》はいかゞあらんずらん」と、たしかにうけたまはりき。

いまにいたるまで、おもひあはせられ候なり。ひと〴〵にすかされさせたまはで、御信心《ごしんじむ》たぢろがせたまはずして、をの〳〵御往生《ごわうじやう》候べきなり。たゞし、ひとにすかされたまひ候はずとも、信心《しんじむ》のさだまらぬひとは、正定聚《しやうぢやうじゆ》に住《ぢゆ》したまはずして、うかれたまひたるひとなり。乗信房《じようしんばう》にかやうにまふしさふらふやうを、ひと〴〵にもまふされ候べし。あなかしこ〳〵。

文応元年十一月十三日　　善信　八十八歳

乗信御房

この御消息《おんせうそく》の正本《しやうほん》は、坂東下野国《ばんどうしもつけのくに》おほうちの庄高田《しやうたかだ》にこれあるなりと云々。

〔古四六〕

第四一通

……………（切封）　　（親鸞の花押）

御返事

ひたちの人〴〵の御中へこのふみをみせさせ給へ。すこしもかはらず候。このふみにすぐべからず候へば、このふみを、くにの人〴〵、おなじこゝろに候はんずらん。あなかしこ〳〵。

十一月十一日　　（親鸞の花押）

いまごぜんのはゝに

第四二通

〔古四七〕

このいまごぜんのはゝの、たのむかたもなく、そらうをもちて候はゞこそ、ゆづりもし候はめ。せんしに候なば、くにの人〴〵、いとをしふせさせたまふべく候。このふみを、かくひたちの人〴〵をたのみまいらせて候へば、申をきて、あはれみあはせたまふべく候。このふみをごらんあるべく候。このそくしやうばうも、すぐべきやうもなきものにて候へば、申おくべきやうも候はず。みのかなはず、わびしう候ことは、たゞこのことおなじことにて候。ときにこのそくしやうばうにも、申をかず候。ひたちの人々ばかりぞ、このものどもをも御あはれみあはれ候べからん。いとをしう、人〴〵あはれみおぼしめすべし。このふみにて人〴〵おなじ御こゝろに候べし。あなかしこ〳〵。

十一月十二日　　　　ぜんしん　（花押）

ひたちの人〴〵の御中へ

……………（切封）

ひた□の人〴〵の御□へ　　　　（親鸞の花押）

消息一覧

真跡	通数	手紙のタイトル	文章の書き出し	古典大系	末灯抄	御消息浄光寺本	御消息集広本	御消息集略本	血脈文集	御消息集善性本	拾遺
○	一	「いや女を譲り渡すこと」	ゆづりわたす…	四二							○
	二	「有念無念のこと」	来迎は諸行往生…	一	一	一三					
	三	「薬あればとて毒をこのむべからず」	方々よりの…	二二	二〇	一五	一				
	四	「明法の御房が往生をとげたこと」	御ふみ、たび〳〵…	二〇	一九	八(九)	三、二				
		「〃」(追伸)	善知識をおろかに…	二一	一九	(九)一〇	四				
	五	「悪は存分に行うのがよいのか」	なによりも、聖教…	一七	一六	一六	五				
	六	「争論を慎むこと」	なにごと…如来の…	二五			六	一			
	七	「神仏を軽んじてはならない」	まづ、よろづの仏…	二八			九	四			
	八	「ことさらに悪をこのむ人」	ふみかきて…	二九			一〇	五			
○	九	「他力には義なきを義とす」	かさまの念仏者…	二	二				一		
	一〇	「善鸞に同調する人々」	九月廿七日の御文…	三〇			一一	六			
	一一	「他力のなかの他力」	他力のなかには…	一八	一七	二〇	一六				
○	一二	「円仏房の帰郷」	このゑん仏ばう…	四三							○
	一三	「一声の念仏」	護念坊のたより…	二七			八	三			
	一四	「誓願は行でもなく善でもない」	宝号経に…	二四	二二	七					

	一五	「領家・地頭・名主」**さては念仏の…**	三一			一二	七			
	一六	「義なきを義とす」**諸仏称名の願…**	三四			一八	一〇	三		
	一七	「誓願と名号」**御ふみ…誓願・名号…**	九	九	二					
	一八	「人間の分別を超えた不思議」**仏智不思議と…**	一〇	一〇						
○	一九	「信と行」**四月七日の御ふみ…**	一一	一一	一四	一四				
	二〇	「慈信房善鸞の義絶一」**おほせられたる事…**	四一							○
	二一	「慈信房善鸞の義絶二」**この御ふみどもの…**	三五					二		
	二二	「公のために、国の民のために」**六月一日の御文…**	二六			七	二			
	二三	「念仏の目標」**くだらせたまひて…**	三二			一三	八			
	二四	「念仏を求める人々」**むさしよりとて…**	三六					四		
	二五	「浄土宗の立場」**また、五説といふ…**	八	八	一二					
	二六	「信心の人は如来とひとしい」**信心をえたる…**	三	三	五			五	五	
	二七	「信心を喜ぶ人は如来とひとしい」**これは経の文…**	四	四	六				六	
	二八	「信心を得た人は諸仏とひとしい」**御たづね…弥陀…**	一九	一八	三					
○	二九	「いや女のこと」**いやおむなのこと…**	四五							○
	三〇	「法身と回向」**安楽浄土に…**	二三	二一	一八				二(は)	
○	三一	「仏とひとしい人」**たづね…まことの…**	一六	一五	一二	一五				
(○)	三二	「慶信から親鸞へ、親鸞から慶信へ」**畏中候…**（**慶信**）	一四	一四					一(い)	
○		「〃」**南無阿弥陀仏…**	一五	一五	四				一(ろ)	
		「補遺 蓮位から慶信へ」**この御ふみ…**（**蓮位**）	三八						三	

	三三	「自然と法爾」（獲字は、因位…	五	五	一二					
	三四	「補遺　浄信から親鸞へ」一、無碍光如…（浄信）	三七						二(い)	
○		「摂取不捨」　如来の誓願を…	七	七	一七				二(ろ)	
	三五	「補遺　専信から親鸞へ」一、或人云、…（専信）	三九						七(い)	
		「他力には義なきを義とす」　おほせ候ところの…	四〇						七(ろ)	
	三六	「浄土の辺鄙に生まれる」　たづね…念仏の…	一二	一二	一九					
○	三七	「二尊のはからい」　たづね…摂取不捨…	一三	一三	一				四	
○	三八	「浄土で待つ」　壬十月一日の御文…	四四							○
	三九	「十二光仏について」　ひと〴〵の…	三三			一七	九			
	四〇	「愚者になって往生する」　なによりも、こぞ…	六	六	一一					
○	四一	「常陸の人々へ」　ひたちの人〴〵…	四六							○
○	四二	「いまごぜんのははとそくしょうぼうのこと」　このいまごぜんの…	四七							○

註一　表中に「古典大系」とあるのは、本書で用いたテキスト『親鸞集 日蓮集』（日本古典文学大系82岩波書店）のこと。また表中の「消息集」の名称は、同書によった。なお「消息集」のいずれにも収録されず、単独で伝わった真蹟六通（第一、一二、二九、三八、四一、四二通）と、顕智の写本で伝わった一通（第二〇通）の計七通は、同書にならい「拾遺」とした。

二　第三二通は慶信の質問（本文と追伸）と親鸞の回答（本文と追伸）とであるが、回答の本文は質問の本文に直に書きこまれている（口絵参照）。『善性本』では親鸞の修正したものを慶信の質問状とし、親鸞の追伸の部分だけを「御返事」としたため、親鸞の回答本文は姿を消した。『末灯抄』も同様。

三　『善性本』では質問と回答を一組にしてあるところがあるので、「い」「ろ」等と表記した。

年表

（手紙に関する事項のみに限ったため、誕生を除き五八歳からとした）

			親鸞	一般事項
一一七三	承安三	一	日野有範の子として誕生。	
			（省略）	
一二三〇	寛喜二	五八	五月、聖覚の『唯信鈔』を書写す。	この頃、飢饉のため餓死するもの多し。
一二三一	寛喜三	五九	四月、病床に臥し、建保二年の『浄土三部経』一、〇〇〇部読誦についての内省を、恵信尼に語る。	道元、『正法眼蔵』を執筆しはじめる。
一二三三	天福元	六一	この頃、京都に向かう。	日蓮、清澄山に入る。
一二三四	文暦元	六二		六月、専修念仏宗、禁止される。
一二三五	嘉禎元	六三	六月、『唯信鈔』（平仮名）を書写す。孫・如信誕生。	七月、幕府、専修念仏を禁ず。
一二三九	延応元	六七		二月、後鳥羽院、隠岐に没す。 三月、『選択集』開版される。
一二四一	仁治二	六九	一〇月、『唯信鈔』を書写す。	
一二四二	仁治三	七〇	九月、定禅、親鸞の肖像を画く。	日蓮、比叡山に入る。
一二四三	寛元元	七一	一二月二一日、「いや女譲状」を書く。	

一二四四	寛元二	七二		道元、越前（福井県）に、大仏寺（現永平寺）を開創。 『平家物語』成る。
一二四五	寛元三	七三	三月、『唯信鈔』を書写す。	七月、京都大地震。
一二四六	寛元四	七四	三月、『自力他力事』を書写す。	宋僧・蘭渓道隆（建長寺の開山）来朝。 道元、『正法眼蔵』を著す。 六月、京都大火、六角堂など焼失。
一二四七	宝治元	七五	二月、弟子尊蓮、『教行信証』を書写し、校合を行う。	
一二四八	宝治二	七六	一月、『浄土和讃』『高僧和讃』を草す。	
一二四九	建長元	七七		三月、京都大火、蓮華王院被災。
一二五〇	建長二	七八	一〇月、『唯信鈔文意』を草す。	
一二五一	建長三	七九	閏九月、常陸の門徒の間に「有念・無念」の争いがあり、『有念無念事』を草す。	二月、鎌倉大火。
一二五二	建長四	八〇	二月、常陸の門徒に書状を送る。 三月、『浄土文類聚鈔』を草す。	鎌倉大仏落成。
一二五三	建長五	八一		道元、五十四歳で入寂（一二〇〇～一二五三）。

一二五四	建長六	八二	二月、『唯信鈔』を書写す。 九月、『後世物語聞書』を書写す。 一一月、善導の『観経四帖疏』より、「二河白道譬喩」を抄出し、延書にして東国の門徒に与える。 一二月、自著『浄土和讃』を書写す。	建長寺、開創。 日蓮、鎌倉で布教をはじめる。日蓮宗のはじまり。 一月、鎌倉大火。 閏五月、京都大地震。
一二五五	建長七	八三	四月、隆寛の『一念多念分別事』を書写す。 四月、『浄土和讃』を書写す。 五月、「源空（法然）消息」を書写す。 六月、『尊号真像銘文』（略本）を草す。 六月、『本願相応集』を書写す。 六月、門弟の専信、『教行信証』を書写す。 七月、『浄土文類聚鈔』を書写す。 八月、『三経往生文類』（略本）を草す。	二月、興福寺衆徒、東大寺房舎を破却。 八月、幕府、人身売買銭を鎌倉大仏に寄進させる。

一二五六	康元元	八四	八月、『愚禿鈔』を草す。 一〇月、笠間の門弟に送状して疑義に答える。 一一月、『皇太子聖徳奉讃』七十五首を草す。 この頃、朝円、親鸞の真影を図画す。 二月、門弟の蓮位、聖徳太子が親鸞を礼拝する夢を見る。 三月、『入出二門偈頌』を草す。 三月、『唯信鈔文意』を書写す。 四月、『四十八大願』を草し、門弟の疑義に答える法語を書写す。 五月、門弟の覚信に返書を送る。 五月、息男の慈信房善鸞を義絶す。 七月、恵信尼、覚信尼に下人の譲状を送る。 七月、曇鸞の『浄土論註』（刊本）に加点す。 九月、恵信尼、覚信尼に下人の譲状を送	九月、六波羅密寺焼ける。 五月、東大寺別当、興福寺衆徒の狼藉を訴える。 八月、鎌倉、大風・大洪水・山崩れで

る。
一〇月、法然の著述集『西方指南抄』を書写す。
一〇月、「八字名号」「十字名号」を書し、讃を附す。
一〇月、「六字名号」「十字名号」を書し、讃を附す。
一二月、『往相廻向還相廻向文類』を草す。

死者多数。
八月、鎌倉に赤斑瘡流行。
九月、京都に赤斑瘡流行。
一一月、執権北条時頼辞任、出家。

一二五七　正嘉元　八五

一月、『西方指南抄』を校合す。
一月、『唯信鈔文意』を書写し、顕智と信証とに附属す。
二月、門弟の覚信、『西方指南抄』を書写す。
二月、夢告を感得す。
二月、『一念多念文意』を草す。
二月、『大日本国粟散王聖徳太子奉讃』百十四首を草す。
三月、『浄土三経往生文類』（広本）を草

			す。 閏三月、二月の夢告について記す。 閏三月、『如来二種廻向文』を草す。 五月、『上宮太子御記』を草す。 六月、『浄土文類聚鈔』を書写す。 八月、『一念多念文意』を書写す。 八月、『唯信鈔文意』を書写す。 一〇月、門弟の性信、真仏に、それぞれ書状を送る。	四月、北条時頼、紺紙金字大般若経六百巻を伊勢神宮に献納。 八月、鎌倉大地震。
一二五八	正嘉二	八六	六月、『尊号真像銘文』（広本）を草す。 八月、法然の『三部経大意』を書写し、門弟の慶信に与う。 九月、『正像末和讃』に手を加える。 一〇月、慶信に返書を送る。 一二月、弟子の顕智、三条富小路の善法坊において、「獲得名号・自然法爾」の法語を聞書す。	一月、鎌倉火災。 四月、山徒、園城寺戒壇のことにより強訴。 八月、京都大風雨。 一〇月、鎌倉大雨、溺死者多数。
一二五九	正元元	八七	九月、法然の『選択集延書』を書写す。 閏一〇月、高田の入道に書状を送り、覚	この年、諸国に飢饉疫病続き死者多し。

			念の往生をいたむ。	
一二六〇	文応元	八八	一一月、門弟の乗信に書状を送る。 一二月、「弥陀如来名号徳」を書写す。	日蓮、『立正安国論』を草して、北条時頼に上呈す。 宋僧・兀菴普寧、来朝。
一二六一	弘長元	八九	恵信尼病む。	日蓮、伊豆に流さる。
一二六二	弘長二	九〇	一一月、病臥す。 一一月二八日、弟・尋有の善法坊にて入寂。息男道性（益方入道）・覚信尼・門弟の顕智・専信等も臨終に侍す。 一一月二九日、東山鳥辺野に葬り、荼毘にふす。 一一月三〇日、拾骨。 一二月一日、覚信尼、親鸞入寂を恵信尼に報ず。	二月、西大寺叡尊、関東に下る。

＊『親鸞聖人』宮崎圓遵・藤島達朗・平松令三編、徳間書店、一九七三年、『年表 日本歴史3』筑摩書房、一九八一年などを参照して作成。

参考文献

『日本古典文学大系』82「親鸞集・日蓮集」名畑応順・多屋頼俊校注、岩波書店、一九六四年
『多屋頼俊著作集』第三巻「親鸞書簡の研究」法藏館、一九九二年
平松令三編『高田本山の法義と歴史』同朋舎出版、一九九一年
『真宗史料集成』第一巻　同朋舎／同朋舎メディアプラン、一九七四／二〇〇三年
『真宗聖教全書』三　興教書院、一九四一／一九五三年
宮崎圓遵『初期真宗の研究』永田文昌堂、一九七一年
宮崎圓遵『親鸞とその門弟』永田文昌堂、一九五六年
宮崎圓遵『続親鸞とその門弟』永田文昌堂、一九六一／一九七一年
柏原祐泉『真宗史仏教史の研究』1親鸞・中世篇　平楽寺書店、一九九五年
松野純孝『親鸞―その生涯と思想の展開過程』三省堂、一九五九年
松野純孝『親鸞―その行動と思想』評論社、一九八〇年
平松令三『親鸞』吉川弘文館、一九九八年
平松令三『親鸞の生涯と思想』吉川弘文館、二〇〇五年
河田光夫『親鸞からの手紙を読み解く』明石書店、一九九六年
阿満利麿『親鸞・普遍への道』ちくま学芸文庫、二〇〇七年
阿満利麿訳・注・解説『歎異抄』ちくま学芸文庫、二〇〇九年

あとがき

親鸞からの手紙には、親鸞と同朋たちの信心がどのような特色をもっていたかがよく示されている。とりわけ、私は、「念仏は、わが身一人のためのものではなく、いまだ念仏を知らない人のためにある」という趣旨の発言に強い関心をもった。それは第三二通と第三四通のもととなった、浄信と慶信が親鸞に送った手紙に記されている。今までは、門弟からの手紙がきわめて少ないこともあり、親鸞の手紙ばかりが注目され、二人の手紙の内容はかならずしも十分に読まれてきたとはいえない。

詳しくは本文を見ていただきたいが、二人に共通する念仏理解には、念仏が自分一人の救いから、念仏を知らない人々に向かって、新たな展開を遂げようとする萌しがある。一言でいえば、念仏を暮らしの基準として、それをいまだ念仏を知らない人々へも広げようとする試みである。

親鸞は、二人の念仏理解について直接答えていないが、別の手紙（第二二通や第二三通、とくに後者）では、はっきりと念仏の目標を掲げている。それは、念仏を弾圧する人々をふくめて、世間が念仏の道理にしたがうように祈ることなのである。第二三通では、法然の忌日の集会で行われる念仏も、「念仏を誹謗する人々が助かる」ために、ということであった。第二二通では、世の中の「安穏」と仏教の宣布が願われているが、それは、現状の支配体制をそのまま認めることではなく、念仏の道理を社会に向かってはっきりと示すことにほかならない。世の中は、念仏の道理に貫かれてはじめて「安穏」となるのだ。

このような、親鸞と同朋たちの間に生まれてきた、念仏を暮らしの基準とする積極的な生き方は、その後、教団が作られ、それが強大化するとともに、忘れられていったように思う。総じて、信仰共同体とは、草の根のレベルにとどまってこそ精彩を放つのであろう。そのことも親鸞からの手紙はよく教えている。

本書は、もと、私が仲間とともに楽しんでいる「連続無窮の会」で行った「親鸞からの手紙を読む」という講義がきっかけになっている。この講義に、筑摩書房・学芸文庫担当の町田さおりさんが毎回ご出席になり、内容に共感されて、出版するように強くおすすめいただいた。その後も、前回の『歎異抄』の現代語訳のときと同じく、編集過程で貴重なアドバイスをいただいた。とりわけ、それぞれの手紙に題名をつけることは町田さんの提案である。また、消息一覧の作成は、同じく学芸文庫の藤岡泰介さんに尽力していただいた。編集作業全般については同じく学芸文庫の伊藤正明さんのお世話になった。お三方にこころから御礼を申し上げる。

「連続無窮の会」にご出席いただいた方々には、講義の度に大事な示唆をいただいた。あわせてお礼を申し上げたい。

二〇一〇年四月一一日

阿満利麿

ちくま学芸文庫

親鸞《しんらん》からの手紙《てがみ》

二〇一〇年六月十日　第一刷発行
二〇二二年六月十日　第二刷発行

著　者　阿満利麿（あま・としまろ）
発行者　喜入冬子
発行所　株式会社　筑摩書房
東京都台東区蔵前二―五―三　〒一一一―八七五五
電話番号　〇三―五六八七―二六〇一（代表）
装幀者　安野光雅
印刷所　株式会社精興社
製本所　株式会社積信堂

ISBN978-4-480-09300-4 C0115